PSICO METRIA em rede

Aplicações em Psicologia e Saúde

Alessandro Vieira dos Reis
Prof. Dr. Roberto Moraes Cruz
Organizadores

PSICO METRIA em rede

Aplicações em Psicologia e Saúde

Artesã

Psicometria em rede – Aplicações em psicologia e saúde

DIRETOR
Alcebino Santana

EDITOR NILAPRESS
Ingo Bernd Guntert

DIREÇÃO DE ARTE
Tiago Rabello

COORDENAÇÃO EDITORIAL
Michelle Guimarães El Aouar

REVISÃO
Agnaldo Alves de Oliveira

CAPA
Karol Oliveira

PROJETO GRÁFICO E DIAGRAMAÇÃO
Conrado Esteves

P974

Psicometria em rede : aplicações em psicologia e saúde / organizadores: Alessandro Vieira dos Reis , Roberto Moraes Cruz. – Belo Horizonte : Artesã, 2023.

192 p. : il. ; 23 cm.

ISBN: 978-85-7074-072-4

1. Avaliação psicológica. 2. Psicometria. 3. Mecânica estatística. I. Reis, Alessandro Vieira dos. II. Cruz, Roberto Moraes.

CDU 159.9.072

Catalogação: Aline M. Sima CRB-6/2645

IMPRESSO NO BRASIL
Printed in Brazil

Artesã NILAPRESS

Sumário

Prefácio ... 7
Professor Sacha Epksamp

Introdução: Inovações em Psicometria? ... 13
Roberto Moraes Cruz
Alessandro Vieira dos Reis

Redes em Psicometria: origem e principais métricas ... 19
Alessandro Vieira dos Reis

Análise de redes em Psicologia: uma revisão integrativa com análise bibliométrica ... 39
Sofia Fontoura Dias
Daniel Ruivo Marques

Mecânica Estatística e Psicometria ... 65
Josué Lima Lopes

Análise de redes aplicada à adaptação de instrumentos de avaliação psicológica: um tutorial com o *software JASP* ... 79
Daniel Ruivo Marques

Breve introdução à linguagem R ... 107
Alessandro Vieira dos Reis

R para análise de redes ... 117
Alessandro Vieira dos Reis

As relações entre os sintomas de depressão e ansiedade durante a pandemia da covid-19 no Brasil 131

Alex Bacadini França
Patrícia Waltz Schelini
Luciano Magalhães Vitorino
Gerson Hiroshi Yoshinari Júnior
Clarissa Trzesniak

Descoberta Causal com Análises de Redes Psicológicas 145

Víthor Rosa Franco

Análise de rede aplicada às competências socioemocionais: evidências empíricas com resultados de crianças e adolescentes 169

Luis Anunciação
Louise do Nascimento Marques
Lucas Barrozo de Andrade
Ana Clara Capistrano Soares
Anna Portugal
J. Landeira-Fernandez
Denise Cavalini

Os autores 185

Prefácio

Professor Sacha Epksamp
Amsterdam University

The network perspective of psychology started with a simple, yet ambitious, idea: what if some of the core assumptions of the pillar of psychometric tradition–the latent variable model–can be questioned? For a century, the latent variable approach has been the centerpiece of psychological research. After all, most constructs we aim to study, such as personality traits, psychopathological dimensions, and cognitive abilities, are not observable.

While waiting for the technological and scientific advancements to make these constructs directly observable, brilliant authors realized that the impact of these constructs could still be studied due to the implications these constructs have on observed data—or more specifically their covariance structure—if they truly were the underlying common causes of these observed data. A century of research with the latent variable model at its core would follow, either relying explicitly on the latent variable model (e.g., structural equation modeling) or implicitly (e.g., investigating sum scores of scales and their reliability). While entire books can and have been written on latent variable modeling, the core principles can be boiled down to two crucial assumptions: the assumption of local independence, and the assumption that the latent variable is real.

The first assumption – the assumption of local independence – states that we must be able to assume that most covariation between observable variables is caused by the latent variable. This assumption is made for practical reasons. Simply put, if the assumption does not hold, we cannot identify a latent variable model and therefore cannot estimate its parameters. A closer look at many scales used in latent variable modeling will show how problematic this assumption can be. For example, can symptoms such as insomnia, fatigue and concentration problems really be independent given the sole influence of a single latent variable, which only impacts these symptoms linearly (Borsboom, 2008)? Similarly, does introversion make a person not go to parties and not like people, or does one who doesn't like people also tend to not go to parties (Cramer et al., 2012)? The second assumption – the assumption the latent variable is real – is more theoretical than practical: it only makes sense to attempt to measure something if that something can be assumed to be real. If one does not believe the latent variable to be real, why draw arrows from it in a path diagram? Or residuals?

Sure, the latent variable in a factor model can also represent merely the common variance, but what is the interpretation of a relationship between the common variance underlying one set of items with the common variance underlying another set of items? Assuming then those latent common causes should be real, after more than a century of research we really should start to wonder: where or what are they then? Shouldn't we have found now what personality traits, psychopathological dimensions and cognitive abilities are? Shouldn't we have already developed different methods for measuring these beyond merely investigating the impact of these theoretical constructs on observable indicators?

If these two core assumptions of the latent variable model can be questioned, perhaps we should also then start to question the latent variable model itself. And why shouldn't we? The human abilities to reason logically, to experience emotions, to express oneself, to communicate with one-another, and most importantly to be unique and differ from one-another are perhaps among nature's greatest accomplishments. It seems then only natural that studying such phenomena would require a more complex point of view than merely assuming a small set of underlying latent variables that explain these phenomena. This line of thinking and its accompanied rejection of the latent variable model as an explanatory model led to the emergence of *Network Perspectives* to psychology.

Network perspectives stipulate that psychological phenomenon, such as the clustering of item responses in correlated groups, should be explained through a more complex viewpoint as the result of many interacting components. While such an interpretation is very broad and opens the door to a wide variety of interpretations – be them philosophical, statistical or computational – it helps to start with departing from the psychometric tradition psychologists are most familiar with. This psychometric point of view then pertains that observed variables are directly interacting with each other, and these interactions can explain their covariations without the need to evoke latent variables. This interpretation puts the network perspective on a similar ground as latent variable modeling, allowing for a useful departure point that has since grown into a field of study by itself: *Network Psychometrics.*

These ideas have since led to a long series of publications, software, workshops, presentations, and debates. At first, most of these were confined to the University of Amsterdam, such as the pioneering work on van der Maas et al. (2006) on cognitive abilities, the work of Borsboom (2008) and Cramer et al. (2010) on mental health and comorbidity, the work of Cramer et al. (2012) on personality research, and several methodological and computational developments (Epskamp, Borsboom, et al., 2018; Epskamp, Waldorp, et al., 2018; van Borkulo et al., 2014a), but later also expanding worldwide, with workshops being taught around the globe and several research groups picking up research in this area (Robinaugh et al., 2020).

An interesting historical footnote here is that the first ever workshop on network psychometrics I know of was held in Brazil. Given the rich Portuguese and Brazilian psychometric tradition, it is no surprise that one of the first of books would also be written in Portuguese. Seeing the completion of such a book is a landmark achievement to the authors but also to the field in general. It is an honor and a pleasure to have been invited to write an introduction to this book, and I eagerly await the insights and ideas that you, the reader of this book, will generate in the years to come.

References

Borkulo, C. van, Boschloo, L., Kossakowski, J., Tio, Pi., Schoevers, R., Borsboom, D., & Waldorp, L. (2017). *Comparing network structures on three aspects: A permutation test.* https://doi.org/10.13140/RG.2.2.29455.38569

Borsboom, D. (2008). Psychometric perspectives on diagnostic systems. *Journal of Clinical Psychology, 64*(9), 1089-1108. https://doi.org/10.1002/jclp.20503

Borsboom, D., Cramer, A. O. J., Schmittmann, V. D., Epskamp, S., & Waldorp, L. J. (2011). The Small World of Psychopathology. *PLoS ONE, 6*(11), e27407. https://doi.org/10.1371/journal.pone.0027407

Bringmann, L. F., Vissers, N., Wichers, M., Geschwind, N., Kuppens, P., Peeters, F., Borsboom, D., & Tuerlinckx, F. (2013). A network approach to psychopathology: new insights into clinical longitudinal data. *PloS One, 8*(4), e60188. https://doi.org/10.1371/journal.pone.0060188

Cramer, A. O. J., Sluis, S., Noordhof, A., Wichers, M., Geschwind, N., Aggen, S. H., Kendler, K. S., & Borsboom, D. (2012). Dimensions of normal personality as networks in search of equilibrium: You can't like parties if you don't like people. *European Journal of Personality, 26*(4), 414-431. https://doi.org/10.1002/per.1866

Cramer, A. O. J., Waldorp, L. J., van der Maas, H. L. J., & Borsboom, D. (2010). Comorbidity: a network perspective. *Behavioral and Brain Sciences, 33*(2-3), 137-150. https://doi.org/10.1017/S0140525X09991567

Epskamp, S. (2017). semPlot: Unified Visualizations of Structural Equation Models. *Structural Equation Modeling: A Multidisciplinary Journal, 22*(3), 474-483. https://doi.org/10.1080/10705511.2014.937847

Epskamp, S., Borsboom, D., & Fried, E. I. (2018). Estimating psychological networks and their accuracy: a tutorial paper. *Behavior Research Methods, 50*(1), 195-212. https://doi.org/10.3758/s13428-017-0862-1

Epskamp, S., Cramer, A. O. J., Waldrop, L. J., Schmittmann, V. D., & Borsboom, D. (2012). qgraph. Network Visualizations of Relationships in Psychometric Data. *Journal of Statistic Software, 48*(4), 1-18. http://www.jstatsoft.org/v48/i04/paper

Epskamp, S., Maris, G. K. J., Waldorp, L. J., & Borsboom, D. (2018). Network Psychometrics. In P. Irwing, D. Hughes, & T. Booth (Eds.), *The Wiley Handbook of Psychometric Testing, 2 Volume Set: A Multidisciplinary Reference on Survey, Scale and Test Development*. Wiley. http://arxiv.org/abs/1609.02818

Epskamp, S., Rhemtulla, M. T., & Borsboom, D. (2017). Generalized Network Psychometrics: Combining Network and Latent Variable Models. *Psychometrika, 82*(4), 904-927. https://doi.org/10.1007/s11336-017-9557-x

Epskamp, S., Waldorp, L. J., Mõttus, R., & Borsboom, D. (2018). The Gaussian graphical model in cross-sectional and time-series data. *Multivariate Behavioral Research, 53*(4), 453-480. https://doi.org/10.1080/00273171.2018.1454823

Marsman, M., Borsboom, D., Kruis, J., Epskamp, S., van Bork, R., Waldorp, L. J., Maas, H. L. J. V. D., Maris, G., Bork, V., Waldorp, L. J., Van Der Maas, H. L. J., Maris, G., & Marsman, M. (2018). An Introduction to Network Psychometrics: Relating Ising Network Models to Item Response Theory Models. *Multivariate Behavioral Research, 53*(1), 15-35. https://doi.org/10.1080/00273171.2017.1379379

Marsman, M., Maris, G., Bechger, T., & Glas, C. (2015). Bayesian inference for low-rank Ising networks. *Scientific Reports, 5*(9050), 1-7. https://doi.org/10.1038/srep09050

Robinaugh, D. J., Hoekstra, R. H. A., Toner, E. R., & Borsboom, D. (2020). The network approach to psychopathology: A review of the literature 2008-2018 and an agenda for future research. In *Psychological Medicine*. https://doi.org/10.1017/S0033291719003404

van Borkulo, C. D., Borsboom, D., Epskamp, S., Blanken, T. F., Boschloo, L., Schoevers, R. A., & Waldorp, L. J. (2014a). A new method for constructing networks from binary data. *Nature: Scientific Reports, 4*(5918). https://doi.org/10.1038/srep05918

van Borkulo, C. D., Borsboom, D., Epskamp, S., Blanken, T. F., Boschloo, L., Schoevers, R. a, & Waldorp, L. J. (2014b). A new method for constructing networks from binary data. *Scientific Reports, 4*, 5918. http://www.ncbi.nlm.nih.gov/pubmed/25082149%5Cnhttp://www.pubmedcentral.nih.gov/articlerender.fcgi?artid=4118196&tool=pmcentrez&rendertype=abstract

Van Der Maas, H. L. J., Dolan, C. V., Grasman, R. P. P. P., Wicherts, J. M., Huizenga, H. M., & Raijmakers, M. E. J. (2006). A dynamical model of general intelligence: The positive manifold of intelligence by mutualism. *Psychological Review, 113*(4), 842-861. https://doi.org/10.1037/0033-295X.113.4.842

Introdução: Inovações em Psicometria?

Roberto Moraes Cruz
Alessandro Vieira dos Reis

A Psicometria, historicamente, é uma disciplina científica voltada à mensuração de construtos psicológicos, ou seja, descrições conceituais de fenômenos e processos psicológicos não observáveis diretamente, mas demonstradas indiretamente por meio da mensuração das manifestações de características, atributos ou atividades mentais, tais como inteligência, memória, neuroticismo, autoestima (Schmittmann et al., 2013; Shrout & Lane, 2012). A Psicometria é um campo interdisciplinar entre teorias psicológicas, teoria da medida, estatística, teoria dos dados, econometria, biometria, bioestatística, dentre outras. Psicometristas, em geral, envolvem-se com o desenvolvimento de métodos de medida e de instrumentos de medida, com base em operações empíricas e analíticas (Furr, 2021; Pasquali, 2009).

Desde o final do século XIX, a Psicometria tem se incumbido de produzir técnicas de aferição e modelagem das denominadas variáveis latentes relativas ao comportamento humano. A verificação da qualidade da medida de construtos psicológicos, por meio dos procedimentos psicométricos clássicos de validade e confiabilidade, tem possibilitado informar sobre a evidência de padrões empíricos consistentes com o construto teórico de interesse, assim como da estabilidade dos escores (os resultados obtidos), mantida em diferentes aplicações na população de interesse.

Pode-se afirmar que o século XX foi dominado por teorias fatoriais, com o uso intensivo de estatísticas multivariadas, modelagem de variáveis latentes, modelagem multinível e variados procedimentos para estimar indicadores relativos ao comportamento humano e seus respectivos processos mentais subjacentes (Savi, Marsman, & van der Maas, 2021; Schmittmann et al., 2013). Tudo isso tem sido possível graças aos avanços dos modelos psicométricos e ao desenvolvimento de *softwares* estatísticos que têm possibilitado a análise de conjunto de dados cada vez mais complexos.

A modelagem de variáveis latentes permite aos pesquisadores explicarem a covariação entre as variáveis observadas e explorar a estrutura subjacente dos dados usando múltiplas variáveis não observadas. Os procedimentos de análise de fatorial exploratória e confirmatória possibilitam aos pesquisadores extraírem conclusões relativamente satisfatórias na busca de evidências de validade interna dos instrumentos de medida e na geração de teorias (Kan, van der Maas, & Levine, 2019; Costantini, Richetin, Preti, Casini, Epskamp, & Perugini, 2019; Schmank, Goring, Kovacs, & Conway, 2019).

Psicometristas, assim como a ciência baseada no empirismo lógico, advogam a necessidade de gerar teorias baseadas em observação de operações racionais-analíticas que explique não apenas um conjunto específico de dados/indicadores, mas fenômenos psicológicos complexos (aprendizagem, cognição, afeto, personalidade, motivação, dentre outros). Geralmente, os escores produzidos por instrumentos de medida de construtos psicológicos refletem a magnitude das respostas dos indivíduos submetidos à aferição (em termos de ocorrência, frequência, graus de intensidade etc.). Espera-se que, sob as mesmas condições de instrução e aplicação de um mesmo instrumento de medida, pessoas diferentes apresentem escores diferentes, admitindo-se as diferenças psicológicas entre os indivíduos (ainda que não se esclareça a compatibilidade entre essas diferenças, sejam elas discretas ou contínuas). Independentemente do controle dessas condições, parte-se do pressuposto de que os dados observados contêm erros de observação/medição e vieses de descrição ou definição de construtos/atributos que limitam a possibilidade de generalização teórica do fenômeno de interesse. E, desse modo, qualquer que seja a estrutura subjacente ou resultante de um conjunto de dados observáveis, refletem "pistas" ou graus de evidência de fenômenos humanos, passíveis de teorização.

Tradicionalmente, a medida de construtos psicológicos é baseada na interpretação (reflexiva) de que os atributos ou características do construto correspondem à "causa comum" dos dados observáveis. Ou seja, indicadores observados (por exemplo, escores obtidos no item ou subtestes) são modelados em função de uma variável latente comum (ou seja, não observada), incluída a variância de erro específica de cada item. Uma outra interpretação, denominada de formativa, baseia-se no pressuposto de que os indicadores medidos correspondem ao "efeito comum" dos dados observáveis (Fried, 2017; Schmittmann et al., 2013).

Salienta-se, recentemente, uma interpretação diferente das anteriores – a de que os atributos observáveis representam um sistema de relações causais entre si, ou seja, não constitui uma variável latente, nem um efeito comum (Schmittmann et al., 2013; Edwards & Bagozzi, 2000). Nessa perspectiva, o estresse não é visto como uma variável latente subjacente aos sintomas de fadiga, problemas no sono ou dificuldade de concentração, nem como uma resultante construída com base nesses sintomas, mas como um sistema de relações causais entre os próprios sintomas (por exemplo, fadiga → problemas no sono → dificuldade de concentração etc.).

A análise de redes é um método estatístico que permite a rápida visualização e interpretação de associações entre múltiplas variáveis, baseadas em diferentes vetores teóricos (Leme, Alves, Lemos, & Fattoria, 2020). Observa-se que a análise de redes tem se desenvolvido especialmente na modelagem e interpretação de variáveis clínicas, psicológicas e sociais. As redes constituem representações gráficas de fenômenos complexos, que são demonstrados por meio de conjuntos de interações das variáveis que definem ou constituem esses fenômenos. O método da análise de redes tem contribuído na avaliação de fatores psicopatológicos, de traços de personalidade e de diferenças de padrões cognitivos e comportamentais.

A análise de redes aplicada ao campo da Psicometria permite descrever e explicar diferenças individuais/grupais que estão associadas à estrutura e processos subjacentes ao comportamento (Baumert et al., 2017). Um dos aspectos emergentes da utilização da análise de redes em estudos clínicos enfatiza a ideia de que os sintomas, congruentes a determinado agravo à saúde, podem ser caracterizados como uma rede de variáveis inter-relacionadas, e que mudanças nessas inter-relações ou rearranjos de sintomas podem salientar distúrbios de outra natureza, subjacente ou associados ao agravo. Nessa direção, modelos baseados em redes podem fornecer um "mapa" de arranjos congruentes definidores de determinadas condições clínicas. Em particular, a revisão considera a falta de correspondência entre as variáveis e propriedades dos modelos de rede e o funcionamento cognitivo.

A análise de redes tem sido proposta como um modelo alternativo à busca de evidências de diferenças individuais em fenômenos complexos, tais como personalidade e transtornos mentais. Nessa perspectiva, padrões de diferenças individuais podem ser conceituados como fenômenos que emergem das interações entre certos comportamentos, cognições, motivações e emoções, seja na personalidade normal ou na psicopatologia (Borsboom & Cramer, 2013; Schmittmann et al., 2013). Nos últimos anos, vários estudos usaram modelagem de rede para investigar o funcionamento cognitivo em vários distúrbios neurológicos, ampliando a compreensão do papel da cognição nos distúrbios neurológicos (Ferguson, 2021; Christensen, 2019).

Em termos de inovação, em Psicologia e da Psicometria, a análise de redes acentuou a necessidade de explorar o mapeamento das variáveis observadas e as correlações parciais estimadas entre essas observações (padrões de variância-covariância), sem assumir causas comuns latentes (Kan, van der Maas, & Levine, 2019). As variáveis psicológicas ou comportamentos constituem redes interconectadas possibilitando um modelo de análise robusto à construção ou aperfeiçoamento de teorias psicológicas. Nesse caso, a análise de redes pode auxiliar na interpretação de modelagens psicométricas de variáveis latentes que não se ajustam tão bem aos dados hipotetizados.

Referências

Baumert, A., Schmitt, M., Perugini, M., Johnson, W., Blum, G. S., Borkenau, P., Costantini, G., Denissen, J. J. A., Fleeson, W., Grafton, B., Jayawickreme, E., Kurzius, E., MacLeod, C., Miller, L. C., Read, S. J., Roberts, B. W., Robinson, M. D., Wood, D., & Wrzus, C. (2017). Integrating personality structure, personality process, and personality development. *European Journal of Personality*, 31, 503-528.

Borsboom, D., & Cramer, A. O. (2013). Network analysis: an integrative approach to the structure of psychopathology. *Annual review of clinical psychology, 9*, 91-121.

Costantini, G., Richetin, J., Preti, E., Casini, E., Epskamp, S., & Perugini, M. (2019). Stability and variability of personality networks. A tutorial on recent developments in network psychometrics. *Personality and Individual Differences, 136*, 68-78.

Christensen, A., P. (2019). NetworkToolbox: Methods and Measures for Brain, Cognitive, and Psychometric Network Analysis in R. *The R Journal, 10*(2), 422. https://doi.org/10.32614/rj-2018-065

Edwards, J. R., & Bagozzi, R. P. (2000). On the nature and direction of relationships between constructs and measures. *Psychological methods, 5*(2), 155-174. https://doi.org/10.1037/1082-989x.5.2.155

Ferguson, C. E. (2021). Network neuropsychology: the map and the territory. *Neuroscience & Biobehavioral Reviews*, S0149-7634. https://doi.org/10.1016/j.neubiorev.2021.11.024

Fried, E. I. (2017). What are psychological constructs? On the nature and statistical modelling of emotions, intelligence, personality traits and mental disorders. *Health psychology review, 11*(2), 130-134. https://doi.org/10.1080/17437199.2017.1306718

Furr, R. M. (2021). *Psychometrics: an introduction*. Sage Publications.

Kan, K. J., van der Maas, H. L., & Levine, S. Z. (2019). Extending psychometric network analysis: Empirical evidence against g in favor of mutualism?. *Intelligence, 73*, 52-62.

Leme, D. E. D. C., Alves, E. V. D. C., Lemos, V. D. C. O., & Fattoria, A. (2020). Análise de redes: uma abordagem de estatística multivariada para pesquisas em ciências da saúde. *Geriatr., Gerontol. Aging (Impr.)*, 43-51. https://doi.org/10.5327/Z2447-212320201900073

Michell, J. (2013). Constructs, inferences, and mental measurement. *New Ideas in Psychology, 31*(1), 13-21. https://doi.org/10.1016/j.newideapsych.2011.02.004

Pasquali, L. (2009). Psicometria. *Revista da Escola de Enfermagem da USP, 43*(SPE), 992-999. Recuperado de: https://www.scielo.br/j/reeusp/a/Bbp7hnp8TNmBCWhc7vjbXgm/?format=pdf&lang=pt

Savi, A. O., Marsman, M., & van der Maas, H. L. (2021). Evolving networks of human intelligence. *Intelligence, 88*, 101567. https://doi.org/10.1016/j.intell.2021.101567

Schmank, C. J., Goring, S. A., Kovacs, K., & Conway, A. R. (2019). Psychometric network analysis of the Hungarian WAIS. *Journal of Intelligence*, 7(3), 21. https://doi.org/10.3390/jintelligence7030021

Schmittmann, V. D., Cramer, A. O., Waldorp, L. J., Epskamp, S., Kievit, R. A., & Borsboom, D. (2013). Deconstructing the construct: A network perspective on psychological phenomena. *New ideas in psychology, 31*(1), 43-53. https://doi.org/10.1016/j.newideapsych.2011.02.007

Shrout, P. E., & Lane, S. P. (2012). Psychometrics. In M. R. Mehl & T. S. Conner (Eds.), *Handbook of research methods for studying daily life* (pp. 302–320). The Guilford Press.

Redes em Psicometria: origem e principais métricas

Alessandro Vieira dos Reis

Objetivos

- Demonstrar que a ideia de redes está, desde o começo, em todas as variações teóricas em Psicologias.
- Demonstrar como a Análise de Redes em Psicometria consiste em uma nova abordagem analítica para a complexidade inerente à Psicologia.
- Enumerar as principais métricas das redes psicométricas.
- Explicar como a Análise de Redes pode contribuir para a pesquisa e aplicação em Psicologia pautadas em métodos quantitativos.

1. A ideia de rede em Psicologia

A causalidade é uma questão central na Ontologia que determina todas as ciências. Interessa, em toda investigação científica, entender o como e o porquê de todo fenômeno. Em Psicologia, não poderia ser diferente. Perguntas como "por que as pessoas fazem o que fazem?", e diversas variantes, ocupam lugar central nos questionamentos dos psicólogos.

Comumente se ouve que uma "boa Psicologia" leva em conta que os seres humanos são complexos e que explicações psicológicas vão além de uma perspectiva mecanicista na busca de respostas à causalidade do comportamento humano. Por conseguinte, uma "má Psicologia" seria toda aquela que adota explicações simplistas e lineares, como "João canta porque está feliz", ou assumir que agentes econômicos tomam decisões sempre racionais.

Neste capítulo, defendo a tese de que há algo no núcleo ontológico de toda "boa Psicologia": a adoção de um *modelo de redes* para investigar a causalidade dos fenômenos psicológicos, em detrimento de modelos lineares-mecanicistas. E engana-se quem imaginar que tal modelo é recente na ciência psicológica. Ou melhor, nas várias teorias psicológicas. Demonstrarei, a seguir, como explicações ontológicas sobre o fenômeno psicológico baseadas em redes estão presentes ao longo de todo o século XX.

1.1 Redes, redes, redes por toda parte!

A partir de agora ofereço argumentos para a minha tese. Para lembrar: toda *boa Psicologia* é construída com base em modelos de redes para explicar a causalidade do fenômeno psicológico.

Comecemos com a Psicologia Cognitiva, repleta de explicações associacionistas para descrever a estrutura da mente em módulos nos quais ocorre fluxos de informação. Assim como a relação entre estados emocionais e cognição (Figura 1).

Figura 1 – Rede de estados emoções e comportamentos.

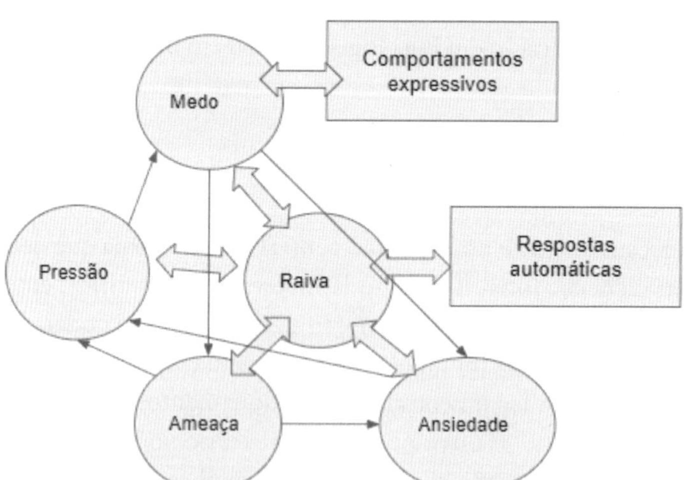

Nota: Adaptado de Bower (1981).

Não raros, tais modelos cognitivistas tomam por inspiração a anatomia e a fisiologia cerebrais. É quando entra em cena outra rede na Psicologia, ou melhor, na Neuropsicologia: as redes neurais. Redes neurais inspiram, também, o que Wiener criou em sua Cibernética para explicar a psicologia humana em escala individual e social. Wiener preferiu falar de "sistemas", redes formadas por entrada, processamento, saída e *feedback*. A abordagem cibernética teve grande repercussão nas Ciências Cognitivas, preconizando, por exemplo, que a mente é uma propriedade emergente de redes de processos sensoriais e motores (Figura 2).

Figura 2 - Rede cibernética

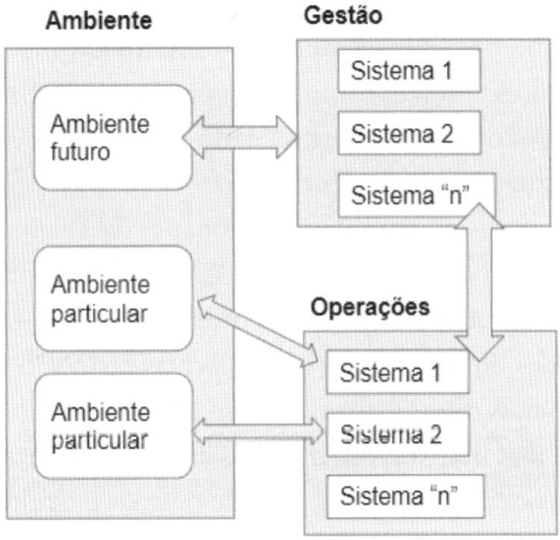

Nota: Adaptado de Beer (1984).

As *redes psicológicas* não existem apenas em estados mentais e estruturas nervosas. Skinner, fundador do Behaviorismo Radical, ao explicar o comportamento operante, comparou-o a uma espécie animal (Skinner, 2007). Em uma perspectiva darwinista, afirma Skinner, o repertório de comportamentos do organismo é análogo a um ecossistema em evolução, em que diferentes espécies interagem no fluxo de energia. Podemos inferir que, para Skinner, o repertório de comportamentos de um organismo funciona como uma intrincada rede de condicionamentos interagindo com redes de contingências ambientais.

Falar de ecossistemas ao tratar de Psicologia também é o foco da Psicologia Ecológica de Gibson, para quem a percepção humana é centrada em processamento de informações. Segundo Gibson, a complexa relação do ser humano e o ambiente só pode ser entendida como uma rede de relações ecológicas, de forma que isolar o ser humano de seu contexto nessa rede inviabiliza toda análise psicológica (Lobo, Heras-Escribano, & Travieso, 2018). Consonante a tal concepção, mesmo que vindo de referenciais díspares, os behavioristas radicais vêm desenvolvendo pesquisas sobre comportamento social e verbal, com base no conceito de "contingências entrelaçadas", e como estas formam metacontingências (Juliani et al., 2018).

Uma análise metacontingencial do comportamento assume redes de indivíduos agindo em contingências entrelaçadas – a geração de um produto agregado a partir dessas redes (no exemplo dado, o racismo institucional), que por sua vez afeta o ambiente gerando consequências em nível cultural. As metacontingências podem ser consideradas a chave para a compreensão de fenômenos comportamentais em escala social, tais como a linguagem e a cultura.

O que abre ensejo para discutir o papel da Psicologia Social, disciplina que lida com o fenômeno psicológico emergente em interações grupais, tais como ocorrem em movimentos sociais, relações de vizinhança, formação de representações coletivas etc. Não à toa, no século XXI as redes sociais digitais tornaram-se um fenômeno e, também, um meio de estudo privilegiado em diversas áreas da Psicologia. Enxergar o fenômeno psicossocial como uma rede de pessoas permite representações gráficas deste, tais como descritas por Kurt Lewin (Figura 3).

Figura 3 – Representação visual de redes sociais

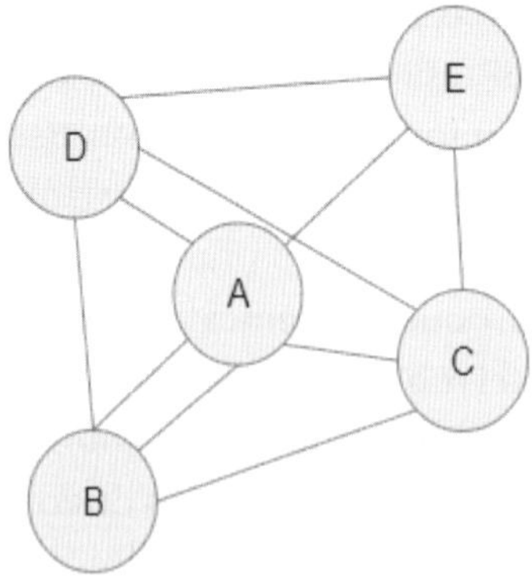

Nota: Adaptado de Kurt Lewin (1938).

Na Figura 3, cada nó da rede representa um indivíduo; e cada aresta, a existência de algum contato social. A representação gráfica de redes sociais foi uma ideia que também que ocorreu a Jacob Levy Moreno, fundador do Psicodrama e da Sociometria (Moreno, 1953). Moreno explorou a técnica da avaliação sociométrica, em sua prática clínica, para quantificar e visualizar redes de relações entre pacientes, denominada de sociograma (Figura 4).

Figura 4 - Sociograma representado interações afetivas em um grupo

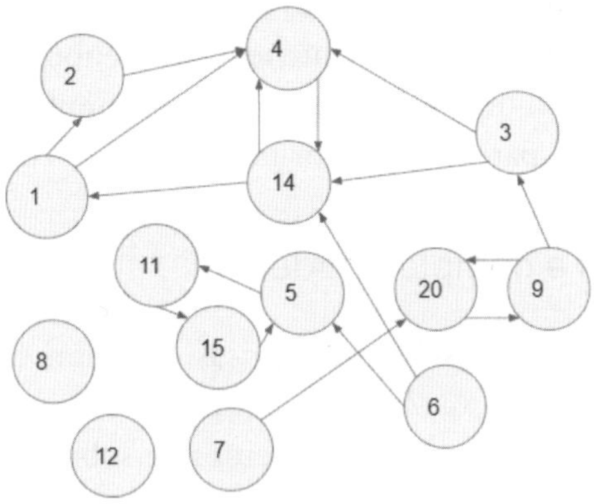

Nota: Adaptado de Al'kova, Snigirev e Vekhova (2003).

Um sociograma, conforme apresentado na Figura 4, é uma tentativa de capturar um momento do dinamismo psicossocial, afetivo e comunicacional, em um dado agrupamento de pessoas, fazendo para isso uso da linguagem das redes. Em suas variações, os sociogramas podem ser utilizados para fornecer uma "visão sintética dos grupos", indicar "o grau de coesão entre os membros de determinada sociedade e a afinidade ou agressividade entre duas sociedades de ordem similar", revelar "a posição que cada indivíduo ocupa no grupo, assim como as inter-relações dos diversos indivíduos" e permitir "a observação da estrutura dos grupos, sua dinâmica e evolução" (Moreno, 1953; Vaz, 2009).

Sigmund Freud foi um precursor ao abordar redes de significados no discurso como elemento-chave para a compreensão do psiquismo. O fundador da Psicanálise, por sinal, teria se inspirado nas redes hidráulicas dos canais de Viena, então epítome da inovação tecnológica, para descrever o aparelho psíquico, composto por câmaras conectadas por tubulações, onde fluido se move entre compartimentos (Menand, 1972). Na esteira de Freud, Jean-Jacques Lacan, psicanalista francês, tornou-se famoso por abordar o discurso como objeto de estudo e propor uma topologia dos elementos psíquicos e linguísticos, representada por redes em interação, que expressa a estrutura fundamental do dualismo da organização simbólica.

A ideia de redes para explicar o fenômeno psicológico é bem disseminada em diversas abordagens. Toda a ciência psicológica utilizou ou se vale, mais recentemente, de redes e suas representações para explicar seu objeto de estudo. Mas o que torna o emprego de redes relevante para explicar as determinações do fenômeno psicológico e suas interações com outros fenômenos, em diferentes campos teóricos da Psicologia, que parecem possuir tão pouco em comum?

1.2 Conexões e complexidades

Ao se tratar de questões psicológicas, é comum ouvir frases como "*Ah, isso é muito complexo...*", ditas, em geral, em tom de desistência, como se essa constatação fosse um lembrete sobre a inviabilidade de sua compreensão ou investigação. Nesse caso, a ideia de complexidade, associada a questões psicológicas, sugere um domínio das explicações além do campo racional, uma vez que não teríamos meios de desatar os nós górdios do fenômeno psicológico.

Mas talvez as coisas não sejam bem assim. A complexidade de um problema psicológico é, de fato, uma boa notícia. Afinal, empregar o modelo de redes para explicar fenômenos é assumir esse aspecto inegável da realidade: ela é *complexa*.

Uma rede pode ser entendida como uma dialética entre regularidade e mudança. Isto é, possui padrões que formam sua topologia, a forma como os nós se conectam uns aos outros. Mas presume que tais padrões, mais ou menos fixos, encerram um fluxo, mudanças de estado, de valor de variáveis. Por conta disso, redes conjugam aspectos quantitativos, como a força das relações entre nós; e qualitativos, como os estados que emergem das conexões. Como síntese de regularidade e mudança, e de qualidade e quantidade, o modelo de redes traz consigo a promessa de melhor representar a complexidade. Sobre isso, algumas palavras sobre o arcabouço de Cynefin são necessárias (Figura 5).

Figura 5 - Análise de problemas: caótico, simples, complicado e complexo.

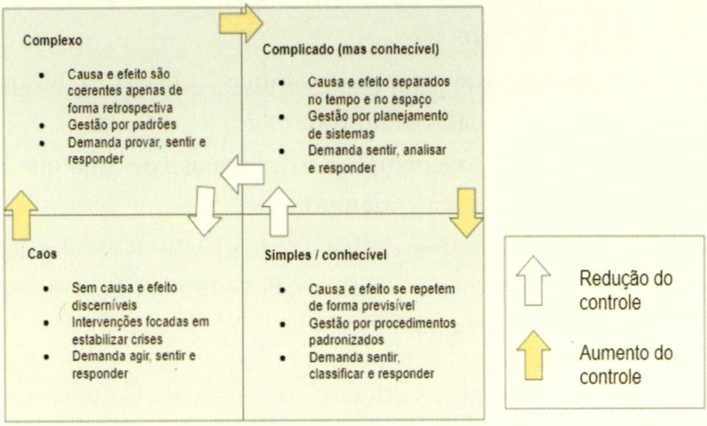

Nota: Adaptado de Kurtz e Snowden (2003).

Tomemos os quatro campos da Figura 5 a fim de analisar o fenômeno psicológico. Para começar, em Psicologia **nada é simples**. Não existe resposta óbvia para nenhum problema, seja qual for a área da Psicologia, pois é o ser humano que está implicado. Devemos esperar então encontrar em toda a análise psicológica de características e problemas humanos, o **caótico**, o incerto e misterioso, que demanda, muitas vezes, improviso, inovação contínua e uso criativo da intuição, com base nos conhecimentos disponíveis e que estão em processos de criação. É importante notar que "caótico" não é sinônimo de "desordenado": há princípios, fluxos, determinações que explicam o fenômeno psicológico e suas relações com as circunstâncias nas quais eles se manifestam. Talvez você ainda não os tenha entendido, e para isso precisa procurar por padrões no caos.

O que se segue é um esforço para reduzir o caos à mais tolerável **complicação,** em que os elementos da análise interagem de forma aparentemente confusa (Ou seria o analista que não entendeu a interação ainda?). Quando se assume "*O ser humano é complicado*", abre-se as portas para técnicas previamente fundamentadas, para as "boas práticas" que passam a atuar com a intuição e o improviso. Por fim, temos o domínio do **complexo**, onde as regularidades identificadas se conjugam com o novo e mutável, formando redes de relações que podem ser até mesmo mensuradas e alvo de experimentação.

Em resumo:

- "O ser humano é simples de entender": Nenhum bom psicólogo diz isso;
- "O ser humano me parece caótico": Observe e busque por padrões. Enquanto isso, improvise;
- "O ser humano é complicado": Faça uso de tudo que aprendeu. Cada técnica e método;
- "O ser humano é complexo". Identifique as redes psicológicas envolvidas: suas regularidades e mudanças, seus aspectos quantitativos e qualitativos.

Os sistemas complexos vieram para ficar na Ciência. Quando se parte do pressuposto que os fenômenos estudados são eventos em **complexa** interação, aceita-se que o todo é maior que a soma bruta das partes tomadas em si mesmas. Segundo Torres et al. (2021), modelos matemáticos que abordam a complexidade ajudam a entender desde fenômenos meteorológicos, até flutuações da bolsa de valores, passando, por claro, o fenômeno psicológico.

Mais recentemente, novos tratamentos matemáticos, que fazem uso da Teoria dos Grafos e da Topologia, vêm sendo empregados para tratar problemas em Psicometria. Dentre eles, destaca-se a Mecânica Estatística, também chamado de Física Estatística, com seu ferramental analítico para lidar com fenômenos complexos (Ver capítulo 4 – "Mecânica Estatística e Psicometria"). Como resultado da aplicação da Mecânica Estatística na Psicometria, surge, na década de 2010, um novo ramo da Psicometria: a análise de redes.

2. Redes em Psicometria

2.1 Definição de Psicometria

A Psicometria consiste na teoria da medida em Psicologia, isto é, uma disciplina que tem por propósito dar suporte quantitativo à pesquisa em Psicologia, no que diz respeito a processos, instrumentos e teorias (Cruz, Reis & Carlotto, 2021). Segundo Borsboom (2005), a Psicometria possui um aspecto teórico, que consiste em desenvolver conceitos e modelos explicativos; um empírico, envolvendo a criação de métodos e instrumentos, e outro analítico, que gira em torno do tratamento matemático/estatístico de dados.

Dessa forma, o trabalho do psicometrista pode ser resumido como um esforço em construir ou adaptar métodos e instrumentos de medida de fenômenos e processos psicológicos, com base em tratamento e análise quantitativa de dados coletados em procedimentos específicos, com o intuito de avançar a Psicologia em termos de poder explicativo sobre o comportamento humano.

2.2 Advento da Análise de Redes

As redes já constavam na ciência de dados, como na análise de redes sociais, que consistem em relações entre indivíduos (Knoke & Yang, 2019). Contudo, apesar de o uso de redes para modelos explicativos ser tão comum na Psicologia, era escassamente explorado na Psicometria, quando muito para investigar propriedades psicométricas de redes sociais (Watabe et al., 2015). A novidade tratada neste capítulo consiste na inserção das redes na Psicometria não apenas como um detalhe, mas como centro de uma nova abordagem da área que vem sendo chamada de *Network Analysis* – "Análise de Redes" (psicométricas).

Alguns autores consideram como o início da análise de rede em dados psicológicos o estudo de van der Maas, Dolan e Grasman (2006), no qual foi especulado que psicopatologias como a depressão poderiam ser entendidas como propriedades emergentes de redes de sintomas em interação. Contudo, a inovação se deu quando Cramer e colaboradores (2010) publicaram um estudo sobre depressão no qual a comorbidade entre esse transtorno e a ansiedade é tratada, por procedimentos analíticos, como redes de sintomas relacionados, ao invés de aplicarem o modelo de variáveis latentes. Um segundo fator se deu com a popularização do desenvolvimento de *software* na pesquisa em Psicologia, que permitiu novas formas de modelagem analítica de dados, baseadas, por exemplo, em Mecânica Estatística e Inteligência Artificial.

A análise de redes em Psicometria vem ganhando terreno em estudos epidemiológicos de transtornos mentais, como os relacionados à pandemia de covid-19 (França et al., 2021); em estudos clínicos a respeito de transtornos do sono (Marques & Azevedo, 2018); no diagnóstico diferencial de transtornos do espectro autista (Bathelt, Geurts & Borsboom, 2021), dentre diversas outras aplicações. A análise de redes em Psicometria possui vantagens, tais como a comparação de amostras patológicas e não patológicas para a identificação de "sintomas--pontes": nodos que comunicam, tais como pontes, um determinado *cluster* de sintomas a outro (Beard et al., 2016).

3. Métricas em Análise de Redes

Uma análise pré-teórica de redes psicométricas, de caráter qualitativo, é possível mediante exame topográfico. Isto é, intuitivamente captar a estrutura geral da rede e, a partir dessa expressão gráfica, sem uso de métricas, identificar nodos de importância, *clusters* de nodos e relações entre eles. Contudo, a análise quantitativa a partir de métricas apropriadas é *necessária* a seguir, além de uma base teórica aprofundada sobre o fenômeno psicológico representado (Borsboom, 2005).

A seguir, apresento as principais métricas adotadas na Análise de Redes em Psicometria a partir do exemplo expresso na Figura 9, que expressa uma rede formada por 47.974 respostas aos 10 itens da Escala de Autoestima de Rosenberg (*Open-Source Psychometrics Project*, 2019). Os gráficos e quadros foram obtidos por meio do *software* JASP (ver capítulo 5 deste livro). Conforme a Figura 6:

Figura 6 - Rede formada a partir do banco de dados analisado.

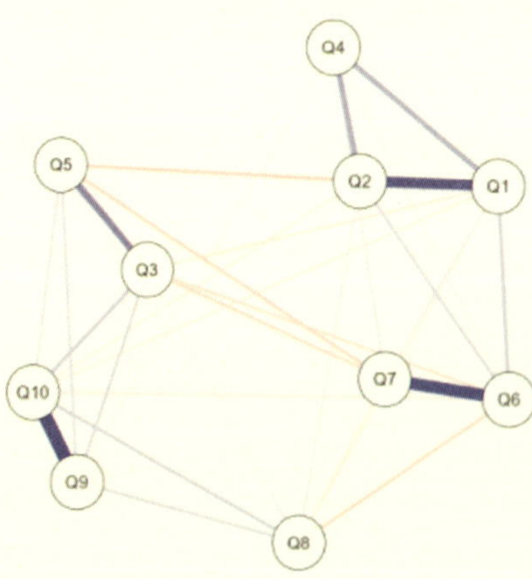

Q1. Sinto que sou uma pessoa de valor, pelo menos em igualdade de condições com as outras.
Q2. Sinto que tenho várias qualidades boas.
Q3. Em suma, estou inclinado a achar que sou um fracasso.
Q4. Sou capaz de fazer coisas tão bem quanto a maioria das outras pessoas.
Q5. Sinto que não tenho muito do que me orgulhar.
Q6. Eu tenho uma atitude positiva em relação a mim mesmo.
Q7. No geral, estou satisfeito comigo mesmo.
Q8. Eu gostaria de ter mais respeito por mim mesma.
Q9. Certamente me sinto inútil às vezes.
Q10. Às vezes, acho que não sou nada bom.

Grosso modo, toda rede consiste em uma estrutura formada por nodos e vértices. Observa-se na Figura 6, dada a proximidade espacial destes, como os nodos Q1, Q2, Q4, Q6 e Q7 parecem formar um *cluster*. Outro *cluster* parece formado por Q3, Q5, Q9 e Q10. O primeiro *cluster* corresponde aos itens indicadores de boa autoestima, ao passo que o segundo, os itens de baixa autoestima. Portanto, teoricamente faz sentido que formem dois *clusters* dessa forma. Mas nota-se como Q8 ("Eu gostaria de ter mais respeito por mim mesma") parece uma exceção. Graficamente, está afastado dos dois *clusters*, indicando que o desejo de respeitar a si mesmo pode acometer tanto pessoas de baixa autoestima quanto de alta.

3.1 Nodos

Na dialética entre regularidade e mudança que forma toda rede, os nodos concentram a mudança: são as *variáveis* da rede. No exemplo da Tabela 1, são os 10 itens da Escala, que assumiram valores de 47.974 respondentes.

Índices de centralidade

Trata-se de avaliar quão central, ou importante, os nodos são na topologia da rede. Há quatro índices de centralidade:

I. Força (*Strength*) – A soma dos valores absolutos dos pesos de todos os vértices aos quais o nodo está conectado, o que confere uma medida de quanto ele está diretamente conectado aos outros;
II. Influência esperada (*Expected Influence*) – Computa a força do nó, levando em conta valores positivos e negativos na soma, e não valores absolutos;
III. Proximidade (*Proximity*) – Quanto o nodo ele está indiretamente conectado aos outros;
IV. Intermediação (*Betweenness*) – Quanto o nodo conecta caminhos de outros nodos.

Os nodos da rede exposta na Figura 6 possuem os seguintes índices de centralidade, expressos na Tabela 1:

Tabela 1 - Índices de Centralidade.

	Network			
Variável	Intermediação	Proximidade	Força	Influência Esperada
Q1	-0,26	0,644	0,71	0,5
Q2	1,5	0,68	0,79	0,9
Q3	0,6	0,839	-0,19	-0,9
Q4	-1,1	-1,4	-1,6	0,1
Q5	1	0,95	-0,7	-1,1
Q6	0,6	1	0,9	-0,04
Q7	-0,7	0,328	0,25	-0,68
Q8	-1,1	-1,1	-1,55	-1,3
Q9	-1,1	-1,2	0,35	1,6
Q10	0,6	-0,7	1	0,96

Conforme a Tabela 1, em termos de Força e Influência Esperada, dois nodos se destacam como mais centrais na rede: Q8 e Q5. O nodo de menor Força é Q3; e o de menor Influência Esperada, Q4. Tais resultados apontam, para o psicometrista envolto com a análise desse teste, indícios de como tratar a importância desses itens. Por exemplo, Q3 ("Em suma, estou inclinado a achar que sou um fracasso") talvez se torne um candidato a eliminação.

Estabilidade

A estabilidade da rede é uma medida de quanto ela tende a manter sua topologia e demais propriedades quando mais casos são acrescentados no banco de dados. Cada um dos 4 índices de centralidade admite um coeficiente de estabilidade, que mede o quanto aquele aspecto da rede tende a se alterar quando o número de casos no banco de dados varia. O coeficiente de estabilidade consiste em um valor entre 0 e 1; e não pode ser menor que 0,25 para a rede ser considerada minimamente estável e, preferencialmente, deve ser superior a 0,5 (Epskamp, Borsboom & Fried, 2017).

A Tabela 2 mostra os coeficientes de estabilidade relativos à Tabela 1, estimados por meio da linguagem R (Ver capítulo 6 deste livro):

Tabela 2 - Estabilidade da rede

Estabilidade	Valor
Força	0,75
Influência Esperada	0,96
Proximidade	0,70
Intermediação	0,75

Conforme a Tabela 2, a rede analisada apresenta-se muito estável. O que pode ser explicado pelo grande número de respostas coletadas (47.974). Em outras palavras, padrões mais regulares foram identificados com base no volume estatístico de dados e sua distribuição.

Previsibilidade

A previsibilidade consiste na estimação de quanto da variância de um nodo pode ser predita pelos vértices que o conectam a outros nodos (Haslbeck & Waldorp, 2018). A Figura 7 apresenta o gráfico de previsibilidade, estimado com o pacote *Bootnet* da linguagem R:

Figura 7 - Previsibilidade dos nodos.

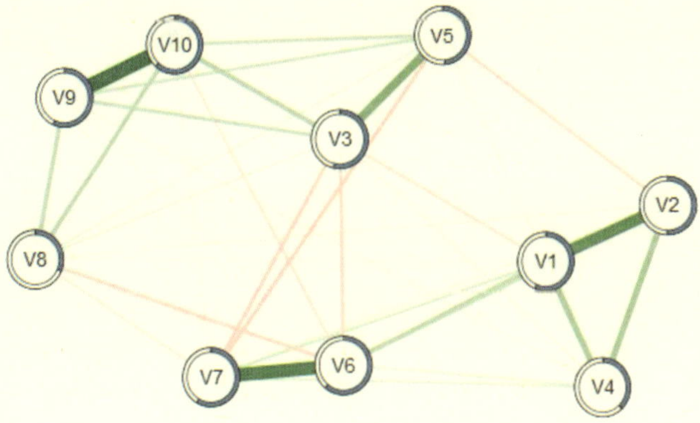

Observa-se como o item 8 (*"Eu gostaria de ter mais respeito por mim mesma"*) apresenta menor previsibilidade, o que faz sentido analiticamente, pois o item 8 se mostrou fora dos dois *clusters* formados (ver Tabela 1).

3.2 Vértices

Vértices, ou arestas, representam conexões entre nodos. Na representação visual de redes psicológicas, os vértices de correlação positiva costumam ser expressos em azul, e os de negativa, em vermelho. A espessura do vértice indica a força, ou peso, da conexão: quanto mais forte, mais espesso é o vértice.

3.2.1 Tipos de vértice

As conexões indicadas pelos vértices podem ser associações, correlações parciais ou correlações parciais regularizadas.

É possível que vértices não tenham peso, indicando apenas a presença de uma relação indeterminada entre variáveis. Alguns vértices podem ser unidirecionais (A ⟶ B) e outros podem ser bidirecionais (A ⟷ B). A ausência de vértices entre duas variáveis representa a ausência de relação estatística entre ambas.

Tomando o exemplo da Tabela 1, os vértices são do tipo bidirecionais, e seus valores são expressos na Figura 8:

Figura 8 – Valores dos vértices

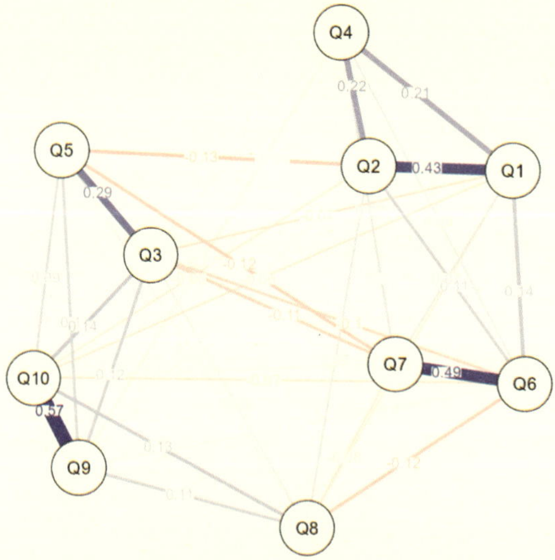

Note, na Figura 8, como o vértice entre Q2 ("*Sinto que tenho várias qualidades boas*") e Q5 ("*Sinto que não tenho muito do que me*

orgulhar") tem o menor valor (-0.13). Esse dado permite a seguinte linha de investigação teórica: além de qualidades pessoais, do que mais o respondente poderia se orgulhar?

Acurácia

O conjunto dos vértices em uma rede deve ser avaliado pelo critério de *acurácia*, isto é, a medida de propensão à variação amostral, por meio do cálculo de intervalos de confiança via *bootstrapping* (Epskamp, Borsboom & Fried, 2017).

A acurácia dos vértices do exemplo abordado foi calculada, no RStudio, e é apresentada na Figura 9:

Figura 9 - Acurácia da rede.

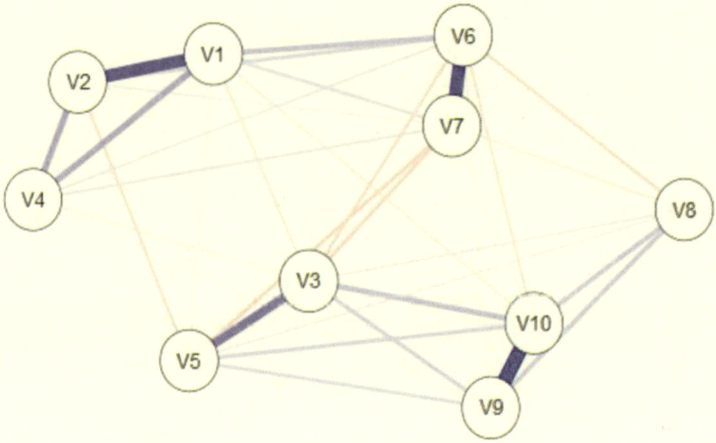

A Figura 9 expressa a forte acurácia entre o item 6 ("*Eu tenho uma atitude positiva em relação a mim mesmo*") e o item 7 ("*No geral, estou satisfeito comigo mesmo*"). O que fortalece a hipótese de forte correlação entre "atitude positiva" e "satisfação pessoal".

Considerações finais

A Análise de Redes em Psicometria traz uma roupagem matemática inovadora para o antigo e universal modelo das redes em Psicologia. Para isso, baseia-se na Mecânica Estatística e faz uso de *softwares* (como o JASP) e linguagens de programação (destaque para a R). Essa abordagem inova no que diz respeito à causalidade do fenômeno psicológico, que passa a ser entendido não como expressão de variáveis latentes, mas como redes de mútuo reforçamento entre variáveis observáveis. O que abre as portas da Psicometria para análises ambientais e para uma maior interdisciplinaridade.

Cumpre destacar, contudo, que a Análise de Redes não substitui a abordagem mais conhecida, baseada em variáveis latentes. As duas podem e devem ser estudadas e empregadas conjuntamente, para fins de análises mais completas do fenômeno psicológico. A Análise de Redes figura apenas como uma nova abordagem que deve ser aprendida por psicometristas e todos os interessados em análise quantitativa do comportamento humano. E possui, ela mesma, suas limitações, constando dentre elas o suposto desafio de replicar muitos resultados, segundo Forbes et al. (2017). Alegação que já conta com respostas, como a de Steinley et al. (2017).

A despeito das críticas pertinentes, e até mesmo *por causa* delas, a Análise de Redes em Psicometria continua crescendo em volume de pesquisa, encontrando novas evidências de validade. Trata-se de uma alternativa metodológica que será, nos próximos anos, mais disseminada na comunidade mundial de psicometristas, ganhando popularidade à medida que trouxer uma nova visão a respeito do fenômeno psicológico estudado quantitativamente, com base em seu ferramental matemático inovador.

Referências

Al'kova, A., Snigirev, A. S., & Vekhova, A. V. (2003). *Moreno's Sociometry in Practice of Training of Elite Female Basketball Players | Teoriya.ru*. www.teoriya.ru. http://www.teoriya.ru/ru/node/2111

Bathelt, J., Geurts, H. M., & Borsboom, D. (2021). More than the sum of its parts: Merging network psychometrics and network neuroscience with application in autism. *Network Neuroscience*, 1-33. https://doi.org/10.1162/netn_a_00222

Beer, S. (1984). The Viable System Model: Its Provenance, Development, Methodology and Pathology. *Journal of the Operational Research Society*, *35*(1), 7-25. https://doi.org/10.1057/jors.1984.2

Borsboom, D. (2005). *Measuring the Mind: Conceptual Issues in Contemporary Psychometrics*. Cambridge, UK: Cambridge University Press, ISBN 978-0-521-84463-5, retrieved 10 August 2010.

Bower, G. H. (1981). Mood and memory. *American Psychologist, 36*(2), 129-148. https://doi.org/10.1037/0003-066x.36.2.129

Beard, C., Millner, A. J., Forgeard, M. J. C., Fried, E. I., Hsu, K. J., Treadway, M. T., Leonard, C. V., Kertz, S. J., & Björgvinsson, T. (2016). Network analysis of depression and anxiety symptom relationships in a psychiatric sample. *Psychological Medicine, 46*(16), 3359-3369. https://doi.org/10.1017/s0033291716002300

Cramer, A. O., Waldorp, L. J., van der Maas, H. L., & Borsboom, D. (2010). Comorbidity: a network perspective. *The Behavioral and brain sciences, 33*(2-3), 137-193. https://doi.org/10.1017/S0140525X09991567

Cruz, R. M., Reis, A. V. dos, & Carlotto, P. A. C. (2021). Psicometria em rede: cérebro, comportamento e computadores. *Psicologia: Reflexões, Métodos e Processos Integrados em Sociedade*, 152-168. https://doi.org/10.47402/ed.ep.c20218369509

Epskamp, S., Borsboom, D., & Fried, E. I. (2017). Estimating psychological networks and their accuracy: A tutorial paper. *Behavior Research Methods, 50*(1), 195-212. https://doi.org/10.3758/s13428-017-0862-1

Forbes, M. K., Wright, A. G. C., Markon, K. E., & Krueger, R. F. (2017). Further evidence that psychopathology networks have limited replicability and utility: Response to Borsboom et al. (2017) and Steinley et al. (2017). *Journal of Abnormal Psychology, 126*(7), 1011-1016. https://doi.org/10.1037/abn0000313

França, A. B., Trzesniak, C., Schelini, P. W., Junior, G. H. Y., & Vitorino, L. M. (2021). Exploring Depressive Symptoms Among Healthcare Professionals and the General Population During the COVID-19 Pandemic in Brazil. *Psychological Reports*, 003329412110252. https://doi.org/10.1177/00332941211025264

Haslbeck, J. M., & Waldorp, L. J. (2018). How well do network models predict observations? On the importance of predictability in network models. *Behavior research methods, 50*(2), 853-861. https://doi:10.3758/s13428-017-0910-x

Iglesias, E. L. (1996). Aspectos topológicos do grafo do desejo. *Cógito, 1*(2), 29-33. http://pepsic.bvsalud.org/scielo.php?script=sci_arttext&pid=S1519-94791996000100006

Knoke, D., & Yang, S. (2010). *Social network analysis.* Sage Publications Inc.

Korzeniewski, B. (2017). Does Matter Matter? Should We Mind the Mind? Can Philosophy Be Reduced to Neurophysiology? *Open Journal of Philosophy, 07*(03), 265-328. https://doi.org/10.4236/ojpp.2017.73017

Kurtz, C. F., & Snowden, D. J. (2003). The new dynamics of strategy: Sense-making in a complex and complicated world. *IBM Systems Journal, 42*(3), 462-483. https://doi.org/10.1147/sj.423.0462

Lewin, Kurt (1938). The Conceptual Representation and the Measurement of Psychological Forces. *Contributions to Psychological Theory, 4,* Duke University Press, Durham, N.C. https://doi.org/10.1037/13613-000

Lobo, L., Heras-Escribano, M., & Travieso, D. (2018). The History and Philosophy of Ecological Psychology. *Frontiers in Psychology, 9.* https://doi.org/10.3389/fpsyg.2018.02228

Marques, D., & Azevedo, M. H. (2018). Potentialities of Network Analysis for sleep medicine. *Journal of Psychosomatic Research, 111*(1), 89-90. 10.1016/j.psychores.2018.05.019

Menand, L. (1972). *Why Freud Survives He's been debunked again and again--and yet we still can't give him up.* https://www.surreyadultlearning.net/pluginfile.php/9218/mod_resource/content/0/COUN1103%20FE%20Why%20Freud%20Survives.pdf

Moreno, J. L. (1953). *Who shall survive? Foundations of sociometry, group psychotherapy and socio-drama.* (2nd ed.). Beacon House.

Open-Source Psychometrics Project. (2019). *Open psychology data: Raw data from online personality tests.* Openpsychometrics.org. https://openpsychometrics.org/_rawdata/

Skinner, B. F. (2007). Seleção por consequências. *Revista Brasileira de Terapia Comportamental e Cognitiva, 9*(1), 129-137. http://pepsic.bvsalud.org/scielo.php?script=sci_arttext&pid=S1517-55452007000100010

Steinley, D., Hoffman, M., Brusco, M. J., & Sher, K. J. (2017). A method for making inferences in network analysis: Comment on Forbes, Wright, Markon, and Krueger (2017). *Journal of Abnormal Psychology, 126*(7), 1000-1010. https://doi.org/10.1037/abn0000308

Torres, L., Blevins, A. S., Bassett, D., & Eliassi-Rad, T. (2021). The Why, How, and When of Representations for Complex Systems. *SIAM Review, 63*(3), 435-485. https://doi.org/10.1137/20m1355896

Van Der Maas, H. L. J., Dolan, C. V., Grasman, R. P. P. P., Wicherts, J. M., Huizenga, H. M., & Raijmakers, M. E. J. (2006). A dynamical model of general intelligence: The positive manifold of intelligence by mutualism. *Psychological Review, 113*(4), 842-861. https://doi.org/10.1037/0033-295X.113.4.842

Vaz, G. J. (2009). A construção dos sociogramas e a teoria dos grafos. *Revista Brasileira de Psicodrama*, 17(2), 67-78. https://revbraspsicodrama.org.br/rbp/article/view/111

Vitorino, L. M., Yoshinari Júnior, G. H., Gonzaga, G., Dias, I. F., Pereira, J. P. L., Ribeiro, I. M. G., França, A. B., Al-Zaben, F., Koenig, H. G., & Trzesniak, C. (2021). Factors associated with mental health and quality of life during the COVID-19 pandemic in *Brazil. BJPsych Open*, 7(3). https://doi.org/10.1192/bjo.2021.62

Watabe, M., Kato, T. A., Teo, A. R., Horikawa, H., Tateno, M., Hayakawa, K., Shimokawa, N., & Kanba, S. (2015). Relationship between Trusting Behaviors and Psychometrics Associated with Social Network and Depression among Young Generation: A Pilot Study. *PLOS ONE, 10*(4), e0120183. https://doi.org/10.1371/journal.pone.0120183

Análise de redes em Psicologia: uma revisão integrativa com análise bibliométrica

Sofia Fontoura Dias
Daniel Ruivo Marques

Objetivos

- Compreender a evolução da abordagem de redes na Psicologia.
- Identificar tendências da literatura referente à análise de redes.
- Identificar perspectivas futuras da aplicação da análise de redes em Psicologia.

Introdução

O interesse pela pesquisa em análise de redes tem sido cada vez mais notório com o aumento progressivo do volume de publicações em várias áreas científicas. Apesar deste facto, só mais recentemente é que esse macroparadigma tem vindo a ganhar relevância na área da psicopatologia e da psicologia (Fonseca-Pedrero, 2018; Hevey, 2018; Robinaugh et al., 2019). A utilização desta metodologia tem sido uma realidade para os pesquisadores em áreas da psicologia, como a depressão (Cramer et al., 2012; Fried, 2015; Mullarkey et al., 2019), transtorno de estresse pós-traumático (TEPT) (Eddinger et al., 2020), esquizofrenia (Thonon et al., 2021), transtornos da alimentação (DuBois et al., 2017; Solmi et al., 2018), transtornos da personalidade (Wechsler et al., 2018; McCuish et al., 2019), entre outros.

Apesar de o paradigma ser utilizado em áreas mais amplas que a psicopatologia, como a inteligência ou a personalidade (Golino & Demetriou, 2017; Golino & Epskamp, 2017), esta acaba por estar associada a um foco primordial em muitas publicações científicas. Desta forma, tendo em conta esta visão, a psicopatologia pode ser conceituada como um sistema de sintomas e sinais que estão associados e que formam uma rede complexa e dinâmica (Borsboom & Cramer, 2013; McNally, 2016).

Torna-se, então, relevante afirmar que a inovação teórica e metodológica neste modelo não está na análise de uma variável latente contínua explicativa dos dados, mas sim no papel ativo destes sintomas em sua interação dentro da rede (McNally, 2016; Robinaugh et al., 2019). Os sintomas, que neste caso são representados pelos nós da rede (Borsboom et al., 2021), são parte da constituição dos transtornos e não uma reflexão destes, como nos modelos categoriais e mais tradicionais se hipotetiza (McNally, 2016). Dessa forma, atendendo aos modelos de rede e às relações causais entre sintomas, é possível identificar os sintomas que são mais influentes, ou seja, centrais no diagnóstico e planeamento da intervenção no âmbito dos transtornos ou doenças mentais (Borsboom, 2008; Fonseca-Pedrero, 2018; McNally, 2016). Parte-se do pressuposto que a recuperação individual perante um determinado transtorno é alcançada quando se dá a desativação dos sintomas, das ligações entre eles ou ambos (McNally, 2016).

Do ponto de vista da evidência científica, a sistematização da informação deve acompanhar o desenvolvimento acelerado da produção científica mundial (Caputo & Kargina, 2021) – um objetivo presente em publicações como as revisões sistemáticas da literatura. Com este tipo de metodologias, pretende-se fornecer *insight* baseado na evidência e sustentar a *expertise* na prática profissional (Aria & Cuccurullo, 2017). De forma particular na área da análise de redes, o trabalho de Contreras et al. (2019) e, posteriormente, de Robinaugh et al. (2019) são bons exemplos dos objetivos expostos. No primeiro, os autores conduziram uma revisão sistemática da literatura, considerando-se a centralidade e dinâmica entre sintomas alguns aspectos importantes buscados com a análise de redes. No último trabalho, os autores identificam, através de uma revisão e análise crítica da literatura, as contribuições teóricas, metodológicas e empíricas do uso da análise de redes na psicopatologia.

Esse tipo de publicações, no entanto, apresenta limitações como, por exemplo, a não identificação de métricas importantes para a descrição da evolução da análise de redes em psicologia (Berta et al., 2022). De modo a ultrapassar esta lacuna na literatura, o estudo de Berta et al. (2022) centrou-se numa análise bibliométrica sobre a psicopatologia e saúde mental baseada na abordagem de redes, identificando as publicações, autores, instituições e países mais relevantes neste campo.

Atentamos neste capítulo para a existência de outros métodos importantes de revisão, organização e compreensão da evidência, como a análise bibliométrica, cujo uso tem sido ampliado em todas as áreas da esfera científica (Aria & Cuccurullo, 2017; Norbury, 2017). A bibliometria surge enquanto conjunto de técnicas e medidas quantitativas objetivas, recorrendo à análise estatística para avaliar o impacto de livros e artigos científicos (Blakeman, 2018; Du et al., 2020; Han et al., 2019). Assim, são identificados tendências e padrões na literatura ao longo do tempo, tópicos e áreas de interesse, novas técnicas e métodos, bem como autores com contribuições influentes, e instituições e publicações periódicas em que o maior volume de evidência é destacado (Aria & Cuccurullo, 2017; Chen et al., 2021; Mazhari, 2013; Norbury, 2017).

Especificamente dentro dos métodos bibliométricos, a análise de citações é um dos indicadores frequentemente destacados dada a sua familiaridade na comunidade acadêmica. Sabe-se que a frequência de citação está, de alguma forma, relacionada com o impacto e mérito de uma publicação dentro da comunidade científica (Blakeman, 2018; Du et al., 2020; Norbury, 2017; Shi et al., 2020). A contagem do número de citações suporta a métrica do fator de impacto (FI), amplamente reconhecida na avaliação da qualidade das revistas científicas (Park et al., 2020).

Há relativamente pouco tempo, a utilização de técnicas derivadas da bibliometria estava limitada dada a sua complexidade metodológica e de análise. Os métodos compreendiam análises numerosas, complexas e com múltiplos passos, o que requeria *know-how* básico de programação e *software* dedicados, que estavam frequentemente associados a licenças comerciais, limitando a sua disponibilidade para os pesquisadores. Mais recentemente, Aria e Cuccurullo (2017) desenvolveram uma ferramenta *open-source* e gratuita, intitulada "*bibliometrix*", programada em linguagem *R*, para auxiliar os investigadores na análise bibliométrica.

A análise de indicadores bibliométricos tem sido um recurso para vários investigadores em diferentes áreas de pesquisa dentro da Psicologia, incluindo a Neuropsicologia (Zhang et al., 2020), depressão e dor (Du et al., 2020), biomarcadores na depressão (Shi et al., 2020), estresse ocupacional (Zhang et al., 2021), medicina do sono (Park et al., 2020) e pesquisa em cronótipo (Norbury, 2017), entre outros. Adicionalmente, dada a situação de saúde pública que atualmente se vive, as publicações mais citadas sobre saúde mental durante a pandemia de covid-19 foram também identificadas (Chen et al., 2021)

No presente estudo pretendemos dar continuidade e completar os trabalhos previamente mencionados sobre análise de redes (Berta et al., 2022; Contreras et al., 2019; Robinaugh et al., 2019) e atualizar a informação relativa à evolução desta inovadora abordagem dentro da área da Psicologia. Assim, a revisão bibliométrica proposta neste estudo tem como finalidade a identificação das publicações com maior contribuição e tendências de produção científica na área da análise de redes, tendo em conta indicadores presentes nas 50 publicações mais citadas nesta área. Assim, considerando o estudo da evolução da pesquisa em análise de redes, conseguiremos perspectivar o futuro neste âmbito científico com maior fundamento, tendo em conta as tendências anteriores.

Método

Estratégia de pesquisa e extração de dados

Os dados foram extraídos da *Web of Science (WoS) Core Collection*, dada a consideração uniforme pela comunidade científica da base de dados como preferencial e mais relevante (Shi et al., 2020). A WoS é considerada a base de dados mais precisa e adequada na avaliação de mais de um bilhão de referências de alta qualidade associada a diferentes autores, instituições e regiões (Gazaaz et al., 2020).

A pesquisa foi conduzida na referida base de dados entre novembro de 2021 e janeiro de 2022, utilizando-se a seguinte estratégia de pesquisa (limitada à opção de pesquisa "TOPIC", que busca pelos termos utilizados no título, resumo e palavras-chave): "network analy*" OR "network approach*" AND psych*. Apenas foram consideradas publicações dentro da área da psicologia, psicopatologia ou similares.

Enquanto critérios de inclusão, destacam-se (1) artigos publicados em revistas indexadas com revisão de pares, capítulos de livro ou livros e editoriais e (2) publicados entre os anos de 2008 e 2022. Não foram agregadas as publicações precedentes a esta data, tendo em conta os resultados obtidos na revisão da literatura de Robinaugh e colaboradores (2019), que remetem o início do estudo da abordagem de redes ao ano de 2008. Ademais, não foi considerado adequado colocar um critério de exclusão linguístico, uma vez que se considera que é de interesse conhecer todas as regiões, países e instituições contribuintes na produção científica nesta área. Enquanto critérios de exclusão, encontram-se outros tipos de publicação, como atas de conferências, *newsletters*, blogues, ou qualquer tipo de publicação de literatura cinzenta.

Na Figura 1 apresenta-se o *flow chart* (Moher et al., 2015). A primeira autora (S.F.D.) procedeu à pesquisa e selecção dos artigos para análise, pelo que o processo foi verificado pelo segundo autor (D.R.M.). A pesquisa inicial resultou num total de 488 publicações que posteriormente foi refinado, excluindo-se publicações que não estavam relacionadas diretamente com o tema, nomeadamente correspondentes à análise de redes sociais, cerebrais e neurais, redes semânticas, nomológicas e outras. Esta etapa de filtragem permitiu a diminuição do risco de incluir registros não relacionados ou, pelo contrário, a exclusão daqueles relevantes (Fusco et al., 2020). Discrepâncias na seleção dos registros foram discutidas com o segundo autor, pelo que o conjunto de dados final compreendeu 268 publicações.

Figura 1 - *Flowchart* relativo à pesquisa

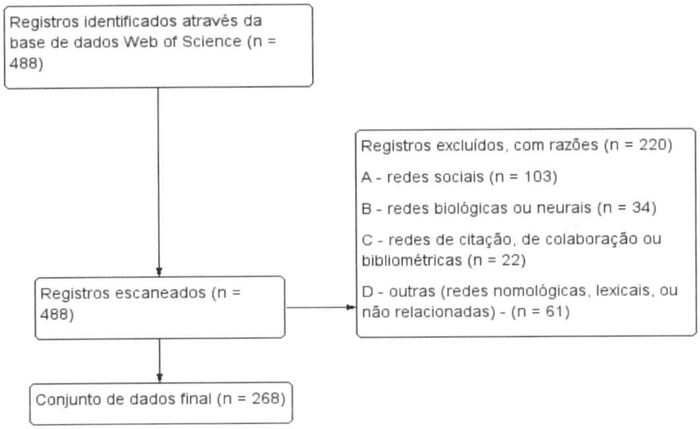

A pesquisa efetuada constituiu uma adaptação dos procedimentos recomendados na revisão sistemática pelo método PRISMA (Moher et al., 2015) pelo que se optou por condensar, num só passo, as etapas intermediárias de análise do título, resumo e palavras-chave e a fase posterior de análise *full-text* (Zhang et al., 2020). De notar que a maioria dos autores com publicações de análise bibliométrica não procede a uma análise preliminar dos resultados, introduzindo o *output* extraído da base de dados na sua totalidade no *software* de análise. Uma vez que este estudo se refere a uma análise bibliométrica, não se associaram quaisquer constrangimentos éticos, dado que não existem participantes envolvidos.

Análise estatística

A análise bibliométrica foi executada utilizando o pacote "*R-Bibliometrix*" (Aria & Cuccurrullo, 2017), um pacote que corre a partir do ambiente *R* (R Core Team, 2021). Os dados foram extraídos em ficheiros do tipo *BibTex* e depois carregados e convertidos em *R dataframe* no *Bibliometrix* (Fusco et al., 2020). Na análise bibliométrica determinaram-se vários indicadores provenientes de metadados, incluindo o número de citações total, citações por ano, autores, primeiro autor, número de autores, número de autores por documento, ano de publicação, revistas, instituições e regiões de produção científica, país dos autores e dos autores correspondentes, palavras-chave dos autores e referências (baseado em Fusco et al., 2020).

Resultados

Informação sobre os registros extraídos e top 50 das publicações mais citadas

Um total de 268 registos foram analisados, incluindo 233 (86,94%) artigos científicos, 21 (7,84%) editoriais, 11 (4,11%) artigos de revisão e 3 capítulos de livro (1,12%). A maioria das publicações estava escrita em língua inglesa, proveniente da autoria de 879 pesquisadores de 41 países diferentes, respetivamente em 102 revistas. Relativamente à publicação científica anual, denotou-se um aumento generalizado do número de publicações. Como observado na Figura 2, um aumento mais notório é verificado entre 2018 e 2021, o que corresponde a 74,2% dos registros identificados. Convém destacar que no ano de 2022 só foi considerado o mês de janeiro.

Figura 2 - Produção científica anual

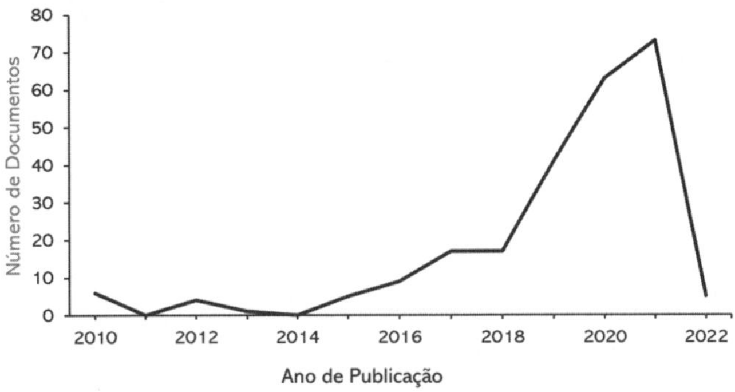

As 50 publicações mais citadas foram selecionadas para análise e ordenadas de acordo com o número de citações (Tabela 1). O artigo mais citado globalmente intitula-se "*Network Analysis: An Integrative Approach to the Structure of Psychopathology*", de D. Borsboom e A. Cramer (2013), com um total de 1109 citações. O número de citações anual da publicação foi de 110.9 citações, o que confirma a tendência anterior. Neste artigo, os autores procederam a uma revisão das metodologias e técnicas utilizadas na análise de redes de sintomas na área da psicopatologia, descrevendo as suas maiores potencialidades. O número total de citações das publicações identificadas neste *top* variou de 18 a 1109 citações.

Tabela 1 - *Top* das 50 publicações mais citadas ordenadas de acordo com o número de citações total (TC)

Documento (Autor, Ano, Revista)	Total Citações	TC por Ano	TC Normalizado
BORSBOOM D, 2013, ANNU REV CLIN PSYCHOL	1109	110,90	1,00
CRAMER AOJ, 2010, BEHAV BRAIN SCI	596	45,85	5,79

Documento (Autor, Ano, Revista)	Total Citações	TC por Ano	TC Normalizado
EPSKAMP S, 2018, PSYCHOL METHODS	401	80,20	7,28
COSTANTINI G, 2015, J RES PERS	317	39,63	3,00
FRIED EI, 2017, PERSPECT PSYCHOL SCI	262	43,67	5,61
MCNALLY RJ, 2016, BEHAV RES THER	262	37,43	4,20
BAUMERT A, 2017, EUR J PERSONAL	147	24,50	3,15
FRIED EI, 2015, FRONT PSYCHOL	130	16,25	1,23
HOFMANN SG, 2016, PERSPECT PSYCHOL SCI	106	15,14	1,70
JONES PJ, 2021, MULTIVARIATE BEHAV RES	105	52,50	22,61
BRINGMANN LF, 2018, PSYCHOL REV	83	16,60	1,51
BRINGMANN LF, 2016, ASSESSMENT	83	11,86	1,33
HASLBECK JMB, 2018, BEHAV RES METHODS	81	16,20	1,47
COSTANTINI G, 2019, PERS INDIVID DIFFER	71	17,75	5,97
RODEBAUGH TL, 2018, J CONSULT CLIN PSYCHOL	67	13,40	1,22
MULLARKEY MC, 2019, J CLIN CHILD ADOLESC PSYCHOL	60	15,00	5,04
JONES PJ, 2017, FRONT PSYCHOL	60	10,00	1,28
DUBOIS RH, 2017, BEHAV RES THER	57	9,50	1,22
DALEGE J, 2017, SOC PSYCHOL PERSONAL SCI	57	9,50	1,22
JONES PJ, 2018, FRONT PSYCHOL	55	11,00	1,00
HEVEY D, 2018, HEALTH PSYCHOL BEHAV MED	54	10,80	0,98

Documento (Autor, Ano, Revista)	Total Citações	TC por Ano	TC Normalizado
COSTANTINI G, 2015, EUR J PERSONAL	49	6,13	0,46
HALLQUIST MN, 2021, MULTIVARIATE BEHAV RES	42	21,00	9,04
MARCUS DK, 2018, J RES PERS	42	8,40	0,76
WRIGHT AGC, 2020, ANNU REV CLIN PSYCHOL	40	13,33	6,55
VAN BORK R, 2017, THEORY PSYCHOL	40	6,67	0,86
MCNALLY RJ, 2012, CLIN PSYCHOL -SCI PRACT	40	3,64	3,27
CHOI KW, 2017, J CONSULT CLIN PSYCHOL	39	6,50	0,84
VAN BORK R, 2021, MULTIVARIATE BEHAV RES	38	19,00	8,18
HOFMANN SG, 2020, CLIN PSYCHOL REV	37	12,33	6,05
BIRK JL, 2019, HEALTH PSYCHOL	36	9,00	3,02
CHRISTENSEN AP, 2018, BEHAV RES METHODS	35	7,00	0,64
WILT JA, 2016, SEX ADDICT COMPULS	35	5,00	0,56
KALISCH R, 2019, PERSPECT PSYCHOL SCI	33	8,25	2,77
KAN KJ, 2019, INTELLIGENCE	33	8,25	2,77
DE SCHRYVER M, 2015, FRONT PSYCHOL	32	4,00	0,30
HEEREN A, 2018, COGN THER RES	30	6,00	0,54
GUYON H, 2017, FRONT PSYCHOL	29	4,83	0,62
CHRISTENSEN AP, 2020, EUR J PERSONAL	28	9,33	4,58
FORBES MK, 2021, MULTIVARIATE BEHAV RES	28	14,00	6,03

Documento (Autor, Ano, Revista)	Total Citações	TC por Ano	TC Normalizado
DE BEURS D, 2019, BEHAV RES THER	27	6,75	2,27
FONSECA-PEDRERO E, 2018, PAPEL PSICOL	24	4,80	0,44
MARTEL MM, 2017, J ABNORM CHILD PSYCHOL	24	4,00	0,51
SOLMI M, 2019, EUR EAT DISORD REV	22	5,50	1,85
WATTERS CA, 2016, J PERS ASSESS	22	3,14	0,35
WATTERS CA, 2016, PSYCHOL ASSESS	21	3,00	0,34
DAVID SJ, 2018, J PSYCHOPATHOL BEHAV ASSESS	20	4,00	0,36
COSTANTINI G, 2018, EUR J PERSONAL	19	3,80	0,35
HASMI L, 2017, FRONT PSYCHOL	18	3,00	0,39
PAVANI JB, 2017, EUR J PERSONAL	18	3,00	0,39

Fonte: Os autores

Nota: Quando existem registros com o mesmo número de citações, é colocado primeiramente aquele que foi publicado mais recentemente.

Análise das revistas mais relevantes

A análise das fontes mais relevantes destacou a revista *Frontiers in Psychology* (IF = 2.990) como a mais ativa na publicação nesta área, com 21 (7.84%) documentos publicados, seguida da *Behavioral and Brain Sciences, Multivariate Behavioral Research, Personality and Individual Differences* e *European Journal Of Personality*. As 20 revistas mais produtivas na área da análise de redes (ver Tabela 2) reuniram aproximadamente 52% das publicações (*n* = 139), incluindo revistas mais generalistas (como a mencionada anteriormente) e outras fontes dentro da psicologia com temáticas como a personalidade, psicopatologia e análise do comportamento, transtornos de alimentação e comportamentos aditivos, entre outros.

Tabela 2 - Revistas mais relevantes na publicação sobre análise de redes em Psicologia

Revistas	Artigos (n)
FRONTIERS IN PSYCHOLOGY	21
BEHAVIORAL AND BRAIN SCIENCES	14
MULTIVARIATE BEHAVIORAL RESEARCH	14
PERSONALITY AND INDIVIDUAL DIFFERENCES	13
EUROPEAN JOURNAL OF PERSONALITY	10
COGNITIVE THERAPY AND RESEARCH	7
EUROPEAN EATING DISORDERS REVIEW	6
JOURNAL OF PSYCHOPATHOLOGY AND BEHAVIORAL ASSESSMENT	6
JOURNAL OF CLINICAL PSYCHOLOGY	5
JOURNAL OF INTELLIGENCE	5
BEHAVIOUR RESEARCH AND THERAPY	4
CLINICAL PSYCHOLOGY & PSYCHOTHERAPY	4
CURRENT PSYCHOLOGY	4
JOURNAL OF ABNORMAL CHILD PSYCHOLOGY	4
PERSPECTIVES ON PSYCHOLOGICAL SCIENCE	4
PSYCHOMETRIKA	4
PSYCHOTHERAPY RESEARCH	4
RESEARCH ON CHILD AND ADOLESCENT PSYCHOPATHOLOGY	4
ADDICTIVE BEHAVIORS	3
ASSESSMENT	3

A Figura 3 mostra o crescimento com ocorrências cumulativas das primeiras cinco revistas do *ranking*, pelo que à exceção da *Behavioral and Brain Science* e *Personality and Individual Differences*, cujo crescimento apenas se tornou notório a partir do ano de 2018. A revista associada a um crescimento constante e mais gradual a partir do ano de 2011 é a *European Jounal of* Personality, enquanto a *Frontiers in Psychology* demonstrou um crescimento mais acentuado a partir de 2019, destacando-se das restantes, desde 2020, com um maior número de publicações.

Figura 3 – Crescimento com ocorrências cumulativas das revistas

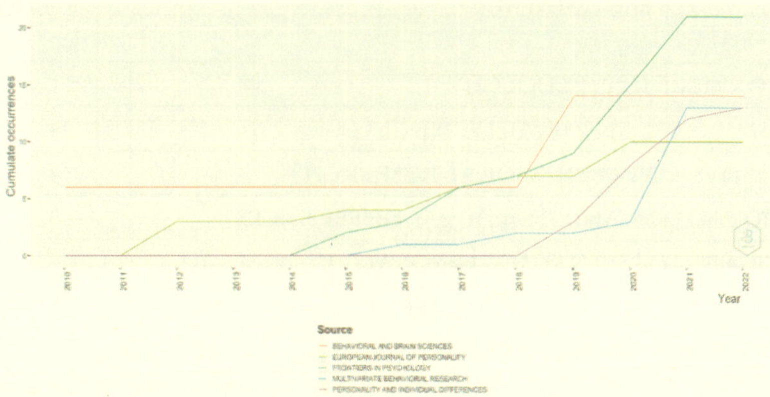

Análise de autores, instituições e países

O número total de autores da coleção foi de 879, com 3.28 autores em média por documento e 3.99 coautores em média por documento. Verificou-se, ainda, que 20 documentos (7,4%) foram escritos por apenas um autor. A média de documentos por autor foi de 0,31 documentos, e o índice de colaboração foi de 3,48. Os autores associados a uma maior produção científica foram Denny Borsboom (*n* = 12; 4,48%) e Richard J. McNally (*n* = 12; 4,48%), seguidos de Eiko I. Fried (*n* = 10; 3,73%), Giulio Constantini (n = 9; 3,36%) e Sacha Epskamp (*n* = 8; 2,99%) (Tabela 3).

Tabela 3 – Autores com mais publicações

Autores	Artigos (*n*)
BORSBOOM D	12
MCNALLY RJ	12
FRIED EI	10
COSTANTINI G	9
EPSKAMP S	8
CRAMER AOJ	7

Autores	Artigos (*n*)
PERUGINI M	7
JONES PJ	6
CONTRERAS A	5
FONSECA-PEDRERO E	5

Tendo em conta as afiliações de todos os autores, identificou-se um total de 41 países de produção científica (Figura 4). O país que reuniu um maior número de publicações foi os Estados Unidos da América (*frequency* = 333). Os países seguintes com maior produção foram os Países Baixos (148), Espanha (78), Bélgica (66) e Alemanha (63). O mapa a produção científica mundial está apresentado na Figura 4, verificando-se uma concentração da distribuição geográfica dos documentos em países anglo-saxónicos e outros países da Europa.

Figura 4 - Produção científica por país

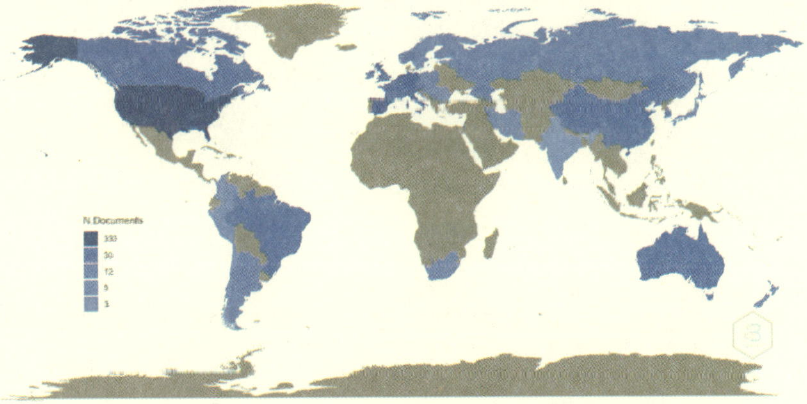

Nota 1: A intensidade da cor é proporcional ao volume de publicações. Desta forma, azul-escuro = alta produção científica, e cinzento = sem produção científica.

Nota 2: Imagem gerada pela aplicação "*Biblioshiny*".

Curiosamente, o país mais citado (Tabela 4) foram os Países Baixos, com um total de 2.812 citações, seguido dos EUA (TC = 1.453) e da Itália (TC = 530).

Tabela 4 - Países mais citados

País	Citações Totais	Citações por Artigo (Média)
NETHERLANDS	2812	76,00
USA	1453	18,16
ITALY	530	29,44
BELGIUM	310	19,38
GERMANY	255	17,00
CANADA	73	9,12
IRELAND	68	17,00
AUSTRALIA	66	9,43
FRANCE	58	8,29
SPAIN	53	3,53

No que respeita às afiliações mais relevantes, destacam-se a Universidade de Amesterdã, nos Países Baixos, com 69 artigos (25,75%), seguindo-se da Universidade de Ghent, Bélgica (*n* = 27, 10,07%), Universidade de Harvard, EUA (*n* = 24, 8,96%), Universidade de Milano-Bicocca, Itália (*n* = 21; 7,84%) e Universidade de Groningen, Países Baixos (*n* = 16; 5,97%).

Tabela 5 - Instituições acadêmicas com mais artigos publicados

Instituições	Artigos (n)
UNIV AMSTERDAM (Países Baixos)	69
UNIV GHENT (Bélgica)	27
HARVARD UNIV (EUA)	24
UNIV MILANO BICOCCA (Itália)	21
UNIV GRONINGEN (Países Baixos)	16
TILBURG UNIV (Países Baixos)	14
KATHOLIEKE UNIV LEUVEN (Bélgica)	11
UNIV PADUA (Itália)	10
COLUMBIA UNIV (EUA)	9
MASSACHUSETTS GEN HOSP (EUA)	9

Análise do mapa temático

Considerando apenas a frequência das palavras, as palavras-chave mais utilizadas pelos autores foram *network analysis* (*n* = 134), *depression* (*n* = 26), *psychopathology* (*n* = 25), *network* (*n* = 15) e *analysis* (*n* = 15). Uma análise de palavras-chave dos autores (*co-word analysis*) foi realizada para a representação de um mapa com os temas mais recorrentes no conjunto de dados, num total de quatro quadrantes, de acordo com o grau de relevância das publicações (centralidade) e o grau de desenvolvimento (densidade) (Fusco et al., 2020). Relativamente ao primeiro quadrante [Temas Motores], verificou-se que as palavras *depression, anxiety* e *comorbidity*, e também *networks, big five* e *mental disorders*, são temas fundamentais nesta área de pesquisa. No segundo quadrante [Temas Nicho], encontram-se temas bem desenvolvidos e com maior especialização (maior densidade), mas que acabam por estar mais distanciados dos fundamentos da área (menor centralidade). Nesse sentido, identificaram-se as palavras *adhd, ecological momentary assessment, psychosis* e *aesthetics.* O terceiro quadrante engloba tanto temas emergentes quanto em declínio, com baixa centralidade e densidade. Dessa forma, destacaram-se temas como *mental health, measurement* e *resilience,* ou *factor analysis, intelligence* e *psychometric network analysis,* ou, ainda, *network modeling, partial correlation network* e *regularization.* O quarto quadrante [Temas Básicos] são temas com uma grande densidade, mas baixa centralidade, ou seja, que estão bem desenvolvidos, mas que se tornam menos importantes. Assim, identificaram-se palavras-chave como *network, analysis* e *dark triad* ou *psychopathology, network psychometrics* e *childhood trauma.*

Figura 5 – Mapa temático utilizando as palavras-chave dos autores

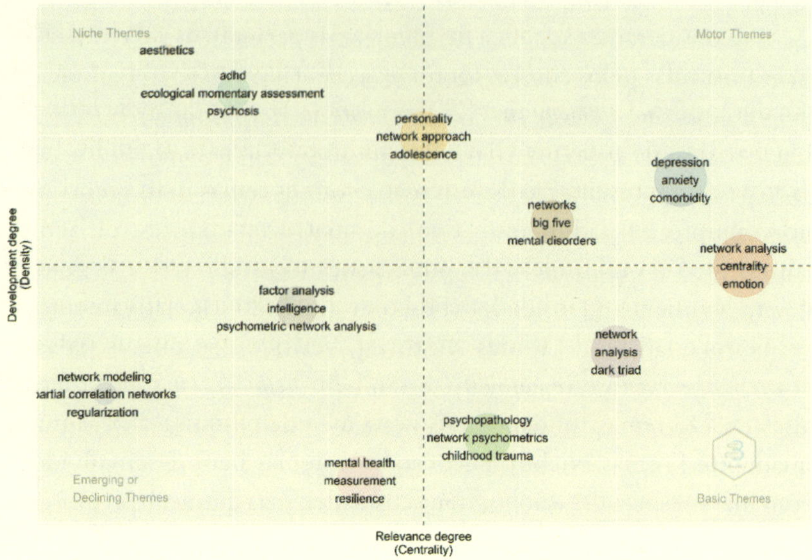

Discussão

A literatura científica incidente na área da análise de redes tem aumentado nos últimos anos. Apesar de tentativas para sumariar a evolução histórica deste crescimento na área da psicopatologia e saúde mental (Berta et al., 2022) e caracterizar os principais resultados da investigação na análise interativa de sintomas em revisões sistemáticas (Contreras et al., 2019; Robinaugh et al., 2019), não existe, que seja do nosso conhecimento, nenhuma revisão bibliométrica sobre o uso desta abordagem no âmbito da Psicologia, enquanto área científica que vai para além da psicopatologia. Desta forma, o objetivo deste estudo passou por conduzir uma revisão das publicações mais relevantes referente à análise de redes em psicologia, identificando-se um *top* 50 de publicações mais citadas numa amostra de 468 registros revistos sistematicamente de forma objetiva e de acordo com critérios de inclusão e exclusão específicos. Esta análise permite detalhar a evolução e desenvolvimento da investigação nesta área, nomeadamente destacando autores, instituições e países de influência, determinar áreas e tendências de publicação para o futuro, o que a torna uma ferramenta útil para os investigadores na publicação de literatura relevante da sua área de estudo (Mazhari et al., 2013).

Destaca-se no top 50 o artigo "*Network Analysis: An Integrative Approach to the Structure of Psychopathology*" (Borsboom & Cramer, 2013) com um total de 1.109 citações [110,9 citações por ano], considerando-se uma publicação fundamental e citação obrigatória para as publicações alicerçadas em abordagens de redes. O mesmo resultado foi observado no trabalho recente de Berta et al. (2022), com um número total de citações de 839 citações. Não obstante, é de notar que o número total de citações poderá ser um indicador redutor, uma vez que lhe está associado um viés de publicação sobre artigos mais antigos. Assim, quanto mais antiga a publicação, maior a probabilidade de citação (Mazhari et al., 2013; Park et al., 2020). Tendo em conta este viés, é importante a consideração de métricas adicionais a esta como a análise do número de citações por ano.

No que diz respeito às revistas mais influentes nesta área, por reunirem um maior número de publicações, destacam-se a *Frontiers in Psychology, Behavioral and Brain Sciences, Multivariate Behavioral Research, Personality and Individual Differences* e *European Journal Of Personality*. Conceitualizada como uma das maiores revistas com revisão por pares dentro da ciência psicológica, a *Frontiers in Psychology* é uma revista multidisciplinar, na linha da frente da disseminação do mais rigoroso conhecimento científico, abrangendo várias áreas temáticas em Psicologia (https://www.frontiersin.org/journals/psychology#about).

A generalidade dos temas de uma revista pode ser um fator aliciante para os investigadores na publicação dos seus trabalhos, o que pode atrair também a atenção dos acadêmicos que não tenham como tema de estudo um outro tema do seu interesse. Simultaneamente, pode se referir o facto de esta ser uma revista de livre acesso, o que também contribui positivamente para, primeiramente, a publicação de artigos (Allen & Mehler, 2019) e, em consequência, também o consumo do conteúdo publicado. Para além disso, conclui-se que os resultados obtidos com este estudo foram diferentes de revisões anteriores, uma vez que Berta et al. (2022) constataram como muito ativas outras revistas, nomeadamente a *Journal of Affective Disorders, Journal of Abnormal Psychology, Psychological Medicine, International Jornal of Eating Disorders, Clinical Psychological Science.*

A produção científica de publicações considerando esta abordagem aumentou de forma notória (de 6 publicações em 2010 para 73 em 2021), concentrando-se o maior volume de produção nos últimos 5 anos, principalmente no ano de 2021. A diminuição do número de documentos publicados em 2022 é facilmente justificável com o início do ano corrente à altura de redação deste trabalho e publicação desta obra. Tendo em conta os trâmites de saúde pública que vivemos, poderá ser plausível justificar este aumento de alguma forma com incremento de publicações de uma forma generalizada em todas as áreas científicas. A mesma tendência de produção científica também foi observada no estudo bibliométrico anterior a este (Berta et al., 2022), no entanto, verificado até ao ano de 2020.

A análise do presente estudo e anteriores (Berta et al., 2022) demonstra que os investigadores têm evidenciado um interesse cada vez maior no estudo e análise de redes psicopatológicas, contribuindo para a discussão em torno da validade dos sistemas nosológicos na área da psicopatologia e da saúde mental. No entanto, alguns autores apontam limitações a esta abordagem, como a sua difícil replicabilidade (Borsboom, 2017; Forbes et al., 2017). Apesar das limitações associadas, é indiscutível a sua aplicabilidade clínica na intervenção individual, com a identificação de sintomas centrais (Blanco et al., 2019).

Dentro dos autores mais influentes devido ao número de artigos científicos publicados, encontram-se Denny Borsboom, Richard J. McNally, Eiko I. Fried, Giulio Constantini e Sacha Epskamp. A análise das redes de colaboração entre autores destacou Denny Borsboom como o autor com mais colaborações com os restantes, identificando-se as redes mais proeminentes com Sacha Epskamp, Giulio Costantini, Marco Perugini e Angélique O. J. Cramer, Jonas Dalage, Lourens J. Waldorp, Han I. J. Van der Maas e Mijke Rhemtulla, que formam as duas redes de colaboração mais relevantes. Alguns pesquisadores holandeses, como Denny Borsboom, Sacha Epskamp ou Angélique O. J. Cramer, são autores frequentes em estudos relacionados com a análise de redes, muito por causa de estarem associados ao desenvolvimento de algoritmos e pacotes de R (Mair, 2021) para condução de análise de redes (Capítulo 6 do presente livro).

Apesar de o país identificado com o maior número de publicações neste campo ser os EUA, os artigos provenientes dos Países

Baixos receberam, em geral, mais citações. Esta ideia é congruente com os dados relativos à autoria, uma vez que a afiliação dos autores mais mencionados é frequentemente holandesa. Para além disso, as universidades holandesas também apresentam um número superior de publicações relativamente aos outros países mencionados. Os resultados indicam que existe um interesse notório das instituições académicas dos EUA e Países Baixos, principalmente pelos contributos de Denny Borsboom (Universidade de Amsterdã, Países Baixos), Richard J. McNally (Universidade de Harvard, EUA) e Eiko I. Fried (Universidade de Leiden, Países Baixos). Na revisão bibliométrica de Berta et al. (2022), a Universidade de Amsterdã e Harvard também se encontraram muito bem classificadas no *top* de instituições com maior número de artigos publicados. Ademais, identificaram-se instituições belgas no topo do *ranking* de instituições académicas mais relevantes na publicação.

Todos os países identificados, principalmente os EUA, são considerados países desenvolvidos e, portanto, onde existe o maior investimento e fundos de pesquisa e, consequentemente, maior volume de produção académica (Chen et al., 2021; Zhang et al., 2020). Neste sentido, será sempre pertinente estabelecer colaborações entre países desenvolvidos e em desenvolvimento para potenciar a produção científica nos últimos (Shi et al., 2020). Os resultados desta análise evidenciam um maior número de colaborações dos EUA com os restantes países, nomeadamente com os países com maior produção científica da Europa dentro desta área, principalmente os Países Baixos e a Bélgica. É, ainda, importante referir que as universidades e instituições académicas são os pilares da investigação científica (Chen et al., 2021) e, por isso, deverá existir cada vez mais um investimento nas instituições de ensino superior e, consequentemente, de colaborações científicas entre autores e instituições, para enriquecer e atualizar a produção científica.

As palavras-chave mais utilizadas pelos autores correspondem a termos identificadores da área de estudo, pelo que se destacam palavras como *network analysis*, *depression*, *psychopathology*, *network* e *analysis*. Tendo em conta a análise do mapa temático, como temas muito relevantes (alta centralidade) e desenvolvidos (alta densidade) identificam-se termos como *depression*, *anxiety* e *comorbidity* e também *networks*, *big five* e *mental disorders*. Dada a prevalência elevada dos transtornos de ansiedade e depressão e comorbilidade das mesmas, faz sentido que os pesquisadores desejem estudá-las à luz desta abordagem de rede de sintomas. Berta et al. (2022) referem no seu estudo que faz sentido justificar o número de publicações albergando este tipo de perturbações mentais, tendo em conta a disponibilidade de grandes bases de dados de pessoas com estas perturbações.

O estudo aqui apresentado responde a algumas das questões colocadas pelos autores da revisão bibliométrica de Berta et al. (2022). Os autores mencionam que "Futuras pesquisas podem se aprofundar em questões metodológicas ou,ao contrário, abranger questões mais gerais" (p. 8)[1]. Neste estudo foram utilizados termos mais abrangentes na entrada de pesquisa na base de dados, que foi mais sucinta em número de termos do que a do primeiro, o que permitiu obter um *output* de registros maior (407 *vs.* 488 publicações) e mais atualizado do que a revisão anterior. A pesquisa remete a fevereiro de 2021, pelo que, neste estudo, finalizámos o nosso processo de pesquisa de registros em janeiro de 2022. Apesar de se ter conduzido uma análise exaustiva, a utilização de uma entrada de pesquisa com menos termos poderá ser concetualizada como uma limitação, tendo em conta a qualidade ou pertinência dos registros capturados. Tendo esta limitação em mente, procedemos a uma seleção de publicações anterior à análise das métricas obtidas no *software* em que se objetivou refinar a pesquisa, elencando-se razões de exclusão de documentos.

Como outras limitações, podemos apontar a escolha por apenas uma base de dados para obtenção dos dados, nomeadamente a *Web Of Science* da *Clarivate Analytics*. Esta era a principal base de dados até o surgimento da *Scopus* da *Elsevier* no ano de 2004 (Caputa & Kargina, 2021). Apesar da sua utilização ainda ser um método *standard* utilizado muitos autores na análise bibliométrica (Shi et al., 2020), existem outros que defendem que os resultados tendo em conta a combinação dos conjuntos de dados destas duas bases de dados pode ser vantajosa, uma vez que cada uma tem as suas particularidades, vantagens e desvantagens.

Existe bibliografia recente que explica de uma forma didática, acessível e *user-friendly* os procedimentos necessários para a conjunção dos dados de bases *Web Of Science* e *Scopus* e remoção de duplicados,

[1] No original: "Future research could deepen on methodological issues or, on the contrary, encompass more general matters".

que, até há pouco tempo, estavam restringidos à complexidade dos métodos de junção (Caputo & Kargina, 2021). No entanto, apesar das vantagens elencadas pelos autores na análise dos dados de bases de dados (Echchakoui, 2020), existem publicações na literatura que apontam que resultados obtidos com os diferentes métodos de análise não diferem de forma significativa, e que o consenso sobre a sua utilização também aparece como um tema em aberto (Shi et al., 2020).

Destacamos, ainda, como limitação, o fato de que os resultados e o *top* de publicações serem exclusivamente baseados na amostra de registros obtida (Berta et al., 2022; Zhang et al., 2020). Em trabalhos futuros, e, uma vez que este é um campo em franco desenvolvimento, será importante atualizar os resultados obtidos com este e outros estudos. Igualmente, poderá ser importante incluir outras métricas como o número total de visualizações do artigo ou de *downloads* (Norbury, 2017). Alguns autores reportam ainda o fator de impacto das revistas, embora a métrica esteja a cair em desuso neste tipo de análises (Mazhari et al., 2013).

A análise bibliométrica tem se tornado uma das principais ferramentas na documentação do impacto de publicações científicas e autores de uma determinada área (Norbury, 2017). Com este estudo, construiu-se uma lista ordenada das publicações mais relevantes na área da análise de redes na psicologia. Apesar de existir uma sobrevalorização do número de citações para esta análise (Park et al., 2020), determinaram-se outras métricas importantes que não estão relacionadas com o número de citações e que podem ser úteis para a comunidade científica.

Em suma, este trabalho é uma contribuição fundamental no *insight* para tendências de publicação, evolução histórica da produção científica, autores, instituições e colaborações influentes no âmbito da análise de redes em Psicologia. Tal como se atribui importância à conceituação em rede da sintomatologia psiquiátrica, as próprias redes de colaboração entre autores, instituições e países devem estar nos fundamentos do avanço da pesquisa nesta área.

Referências

Allen, C., & Mehler, D. M. (2019). Open science challenges, benefits and tips in early career and beyond. *PLoS Biology, 17*(5), 1-14, https://10.1371/journal.pbio.3000246

Aria, M., & Cuccurullo, C. (2017). bibliometrix: An R-tool for comprehensive science mapping analysis. *Journal of Informetrics, 11*(4), 959-975. https://doi.org/10.1016/j.joi.2017.08.007

Berta, A., Ángel, C. M., Clara, G. S., & Rubén, H. (2022). A bibliometric analysis of 10 years of research on symptom networks in psychopathology and mental health. *Psychiatry Research, 308*, 1-9. https://doi.org/10.1016/j.psychres.2021.114380

Blakeman, K. (2018). Bibliometrics in a digital age: help or hindrance. *Science Progress, 101*(3), 293-310. https://doi.org/10.3184/003685018X15337564592469

Blanco, I., Contreras, A., Valiente, C., Espinosa, R., Nieto, I., Vázquez, C., 2019. El análisis de redes en psicopatología: conceptos y metodología. *Psicología Conductual, 27* (1), 87-106. https://www.proquest.com/openview/c43013ecc3381c2ba 8508135aaf65671/1?pq-origsite=gscholar&cbl=966333

Borsboom, D. (2008). Psychometric perspectives on diagnostic systems. *Journal of Clinical Psychology, 64*(9), 1089-1108. https://doi.org/10.1002/jclp.20503

Borsboom, D. (2017). A network theory of mental disorders. *World Psychiatry 16*, 5-13. doi: 10.1002/wps.20375

Borsboom, D., & Cramer, A. (2013). Network analysis: An integrative approach to the structure of psychopathology. *Annual Review of Clinical Psychology, 9*(1), 91-121. https://doi.org/10.1146/annurev--clinpsy-050212-185608

Borsboom, D., Deserno, M. K., Rhemtulla, M., Epskamp, S., Fried, E. I., McNally, R. J., & Waldorp, L. J. (2021). Network analysis of multivariate data in psychological science. *Nature Reviews Methods Primers, 1*(1), 1-18. https://doi.org/10.1038/s43586-021-00055-w

Caputo, A., & Kargina, M. (2021). A user-friendly method to merge Scopus and Web of Science data during bibliometric analysis. *Journal of Marketing Analytics*, (2021). https://doi.org/10.1057/s41270-021-00142-7

Chen, Y., Zhang, X., Chen, S., Zhang, Y., Wang, Y., Lu, Q., & Zhao, Y. (2021). Bibliometric analysis of mental health during the COVID-19 pandemic. *Asian Journal of Psychiatry, 65*, 102846. https://doi.org/10.1016/j.ajp.2021.102846

Contreras, A., Nieto, I., Valiente, C., Espinosa, R., & Vázquez, C. (2019). The study of psychopathology from the network analysis perspective: a systematic review. *Psychotherapy and Psychosomatics, 88*(2), 71-83. https://doi.org/10.1159/000497425

Cramer, A. O. J., Borsboom, D., Aggen, S. H., & Kendler, K. S. (2012). The pathoplasticity of dysphoric episodes: Differential impact of stressful life events on the pattern of depressive symptom inter-correlations. *Psychological Medicine, 42*, 957-965. http://doi.org/10.1017/S003329171100211X

Du, L., Luo, S., Liu, G., Wang, H., Zheng, L., & Zhang, Y. (2020). The 100 top-cited studies about pain and depression. *Frontiers in Psychology, 10*, 1-8. https://doi.org/10.3389/fpsyg.2019.03072

DuBois, R. H., Rodgers, R. F., Franko, D. L., Eddy, K. T., & Thomas, J. J. (2017). A network analysis investigation of the cognitive-behavioral theory of eating disorders. *Behaviour Research and Therapy, 97*, 213-221. https://doi.org/10.1016/j.brat.2017.08.004

Echchakoui, S. 2020. Why and how to merge Scopus and Web of Science during bibliometric analysis: The case of sales force literature from 1912 to 2019. *Journal of Marketing Analytics, 8*(3),165-184. https://doi.org/10.1057/s41270-020-00081-9

Eddinger, J. R., McDevitt-Murphy, M. E., Hu, J., Jobe-Shields, L., & Williams, J. L. (2020). Comparison of PTSD symptom centrality in two college student samples. *Journal of Psychopathology and Behavioral Assessment, 42*(2), 354-363. https://doi.org/10.1007/s10862-020-09792-w

Esmaeilian, N., Dehghani, M., Koster, E. H., & Hoorelbeke, K. (2019). Early maladaptive schemas and borderline personality disorder features in a nonclinical sample: A network analysis. *Clinical Psychology & Psychotherapy, 26*(3), 388-398. https://doi.org/10.1002/cpp.2360

Fonseca-Pedrero, E. (2018). Network analysis in psychology. *Papeles del Psicólogo, 39*(1), 1-12. https://doi.org/10.23923/pap.psicol2018.285

Forbes, M. K., Wright, A., Markon, K. E., Krueger, R. F., 2017. Evidence that psychopathology symptom networks have limited replicability. *Journal of Abnormal Psychology, 126*(7), 969-988. https://doi.org/10.1037/abn0000276

Fried, E. I. (2015). Problematic assumptions have slowed down depression research: Why symptoms, not syndromes are the way forward. *Frontiers in Psychology, 6*(306), 1-11. https://doi.org/10.3389/fpsyg.2015.00309

Fusco, F., Marsilio, M., & Guglielmetti, C. (2020). Co-production in health policy and management: a comprehensive bibliometric review. *BMC*

Health Services Research, 20, 1-16. https://doi.org/10.1186/s12913-020-05241-2

Gazzaz, Z. J., Butt, N. S., Zubairi, N. A., & Malik, A. A. (2020). Scientometric evaluation of research productivity on diabetes from the Kingdom of Saudi Arabia over the last two decades (2000-2019). *Journal of Diabetes Research,* 2020, 1-10. https://doi.org/10.1155/2020/1514282

Golino, H. F., & Demetriou, A. (2017). Estimating the dimensionality of intelligence like data using exploratory graph analysis. *Intelligence, 62,* 54-70. https://doi.org/10.1016/j.intell.2017.02.007

Golino, H. F., & Epskamp, S. (2017). Exploratory graph analysis: A new approach for estimating the number of dimensions in psychological research. *PLoS ONE, 12*(6): e0174035. https://doi.org/10.1371/journal.pone.0174035

Han, Y., Wennersten, S. A., & Lam, M. P. (2019). Working the literature harder: what can text mining and bibliometric analysis reveal?. *Expert Review of Proteomics, 16*(11-12), 871-873. https://doi.org/10.1080/14789450.2019.1703678

Hevey, D. (2018). Network analysis: a brief overview and tutorial. Health Psychology and Behavioral Medicine, 6(1), 301-328. https://doi.org/10.1080/21642850.2018.1521283

Mair, P. *CRAN Task View: Psychometric Models and Methods. Disponível em: CRAN Task View: Psychometric Models and Methods (r-project.org).* Acesso em: 3 nov. 2021.

Mazhari, S. (2013). The 100 top-cited articles published in psychiatric journals. *Journal of Psychiatric Practice, 19*(4), 327-338. https://doi.org/10.1097/01.pra.0000432604.06835.da

McCuish, E., Bouchard, M., Beauregard, E., & Corrado, R. (2019). A network approach to understanding the structure of core symptoms of psychopathic personality disturbance in adolescent offenders. *Journal of Abnormal Child Psychology, 47*(9), 1467-1482. https://doi.org/10.1007/s10802-019-00530-9

McNally, R. J. (2016). Can network analysis transform psychopathology?. *Behaviour Research and Therapy, 86,* 95-104. http://doi.org/10.1016/j.brat.2016.06.006.

Moher, D., Shamseer, L., Clarke, M., Ghersi, D., Liberati, A., Petticrew, M., Shekelle, P., Stewart, L. A. & PRISMA-P Group (2015). Preferred reporting items for systematic review and meta-analysis protocols

(PRISMA-P) 2015 statement. *Systematic Reviews, 4*(1), 1-9. https://doi.org/10.1186/2046-4053-4-1

Mullarkey, M. C., Marchetti, I., & Beevers, C. G. (2019). Using network analysis to identify central symptoms of adolescent depression. *Journal of Clinical Child & Adolescent Psychology, 48*(4), 656-668. https://doi.org/10.1080/15374416.2018.1437735

Norbury, R. (2017). A bibliometric analysis of the top 100 most cited chronotype research papers. *Journal of Circadian Rhythms, 15*(1), 1-11. https://doi.org/10.5334/jcr.146

Park, B., Kim, I., & Park, K. (2020). Top 100 cited articles on sleep medicine: A bibliometric analysis. *European Neurology, 83*, 111-119. https://doi.org/10.1159/000507393

R Core Team (2021). R: A language and environment for statistical computing. R Foundation for Statistical Computing, Vienna, Austria. https://www.R-project.org/.

RStudio Team (2021). RStudio: Integrated Development Environment for R. RStudio, PBC, Boston, MA. https://www.rstudio.com/.

Robinaugh, D., Hoekstra, R., Toner, E., & Borsboom, D. (2019). The network approach to psychopathology: A review of the literature 2008-2018 and an agenda for future research. *Psychological Medicine, 50*(3), 353-366. https://doi.org/10.1017/S0033291719003404

Shi, S., Gao, Y., Sun, Y., Liu, M., Shao, L., Zhang, J., & Tian, J. (2020). The top-100 cited articles on biomarkers in the depression field: a bibliometric analysis. *Psychology, Health & Medicine, 26*(5), 533-542. https://doi.org/10.1080/13548506.2020.1752924

Solmi, M., Collantoni, E., Meneguzzo, P., Degortes, D., Tenconi, E., & Favaro, A. (2018). Network analysis of specific psychopathology and psychiatric symptoms in patients with eating disorders. *International Journal of Eating Disorders, 51*(7), 680-692. http://doi.org/10.1002/eat.22884

Thonon, B., Contreras, A., & Larøi, F. (2021). Motivation in schizophrenia: Preliminary findings of a theory-driven approach using time-series network analysis. *Current Psychology: A Journal for Diverse Perspectives on Diverse Psychological Issues,* (2021). https://doi.org/10.1007/s12144-020-01321-y

Wechsler, S. M., Benson, N., de Lara Machado, W., Bachert, C. M. D., & Gums, E. F. (2018). Adult temperament styles: A network analysis of their relationships with the Big Five Personality Model. *European Journal of Education and Psychology, 11*(1), 61-75. https://psycnet.apa.org/record/2019-04358-005

Zhang, Y., Huang, L., Wang, Y., Lan, Y., & Zhang, Y. (2021). Characteristics of publications on occupational stress: contributions and trends. *Frontiers in Public Health, 9*, 1-9. https://doi.org/10.3389/fpubh.2021.664013

Zhang, Y., Xiong, Y., Cai, Y., Zheng, L., & Zhang, Y. (2020). The 100 Top-Cited studies on neuropsychology: A Bibliometric Analysis. *Frontiers in Psychology, 11*, 1-6. https://doi.org/10.3389/fpsyg.2020.

Mecânica Estatística e Psicometria

Josué Lima Lopes

Objetivos

- Apresentar a Mecânica Estatística enquanto ferramental matemática da Física.
- Demonstrar como tal arcabouço analítico vai além da Física, com aplicações até mesmo na Psicometria.

1. Origem da Mecânica Estatística no Magnetismo

A história é marcada pela saga das descobertas de materiais, assim como pelos desenvolvimentos e aprimoramentos de técnicas para manipulá-los, geralmente com a finalidade de extrair benefícios de suas propriedades fundamentais, seja pelo uso direto destas propriedades, seja pela ideia de poder e reconhecimento social inerentes as suas posses. Existe uma rica história que se estende desde os tempos em que se faziam atribuições místicas aos fenômenos ligados ao magnetismo até as mais profundas descobertas científicas nos últimos dois séculos (Lopes, 2017). Na era contemporânea, a ciência dos materiais atingiu feitos extraordinários, se tomarmos como exemplo a linha do tempo dos materiais magnéticos, que é a principal fonte de inspiração de aplicação da Mecânica Estatística na psicometria.

Com este prelúdio de informações, já somos capazes de imaginar que todos os objetos de estudos na natureza possuem fragmentos desconhecidos, que nem sempre são analisados da forma mais racional possível, e acabam prevalecendo crenças e dogmas que regem o saber sobre este assunto por algum tempo, mas que, de alguma maneira, trabalhos árduos conseguem desmistificar e edificar estruturas de conhecimentos com base em evidências. Esta é uma das razões de se utilizar de conhecimentos sólidos da Mecânica Estatística como suporte matemático e conceitual para a psicometria.

Estudos nas áreas de Física da Matéria Condensada e demais áreas de investigações correlacionadas indicam que diversas propriedades físicas dos materiais resultam de interações em suas microestruturas fundamentais. Por exemplo, o nível de pureza de estruturas cristalinas do silício determina a qualidade de performance deste material em eletrônicos modernos, a combinação de partículas de diferentes metais compõe ligas metálicas com propriedades de ductilidades, flexibilidades, condutibilidades elétricas, permeabilidades magnéticas dentre outras inúmeras propriedades que podem ser usadas por diversos setores da indústria. Muitas destas microestruturas são formadas durante processos de solidificação, precipitação de estados sólidos e processos termodinâmicos, que geralmente são causados devido a ações de campos externos sobre o material. Todos os processos mencionados acima são regidos por leis fundamentais da Física, geralmente controlados pela dinâmica dos vínculos do sistema e da cinética de transformação das fases de não equilíbrio. A cinética da formação de microestruturas geralmente é modelada por um conjunto de relações matemáticas que descrevem o comportamento físico do sistema, tais como processo de difusão de calor, transporte de impurezas sob condições de contorno que controlam a termodinâmica do sistema (Provatas & Elder, 2010).

As principais microestruturas observadas nos materiais magnéticos são os momentos de dipolos magnéticos. Os momentos de dipolos magnéticos são agrupamentos de elementos microscópicos cujas propriedades são dos elétrons ou *spins* eletrônicos. Tais agrupamentos de momentos magnéticos, de acordo com os parâmetros do sistema, produzem diferentes estruturas padronizadas que são conhecidas como domínios magnéticos. Com o auxílio de tecnologias modernas, como a óptica de polarização na ausência de campo magnético externo, é possível observar num material magnético, que os domínios magnéticos são as regiões uniformemente magnetizadas, ou seja, onde há uma

os efeitos das interações entre entes microscópicos, isto é, elétrons, átomos e moléculas, e das interações destes elementos microscópicos com campos externos (Binney, 2002). No ano de 1920, W. Lenz propôs um modelo para um ferromagneto que foi solucionado por E. Ising para o caso d = 1 em 1925. Para temperaturas T > 0, o modelo de Ising unidimensional não possui transição de fase, fato que levou Lenz e Ising a concluírem erroneamente que, para dimensões d > 1 em temperaturas diferentes de zero, o modelo não descreveria um sistema magnético real. A solução exata para o caso d = 2 na ausência de campo externo foi apresentada por Onsager no ano de 1944. Esta solução marcou o início de uma nova era na física de fenômenos críticos e transição de fase contínua, inspirando desenvolvimentos teóricos em diversas áreas da física.

O modelo de Ising pode ser visto como um caso especial do modelo de Heisenberg, sendo este último um modelo proposto no ano de 1928, que por sua vez também é um modelo para ferromagneto, porém suas variáveis são vetoriais e não escalares. Transições de fases ferromagnéticas em sistemas com fortes anisotropias axiais podem ser descritas por estes modelos, onde o campo de ordem associado tem apenas um componente S(x) para o caso de Ising, e três componentes {Sx, Sy, Sz} para o modelo de Heisenberg.

O modelo de Ising é tido como o mais simples possível para descrever um sistema ferromagnético com anisotropia axial. Toda essa simplicidade se deve ao fato de os *spins* serem variáveis que tomam dois valores possíveis em cada sítio de configuração da rede, a saber, se S = +1, convenciona-se que o *spin* aponta para cima, e se S = −1, o *spin* aponta para baixo. O Hamiltoniano de Ising, um funcional que matematiza as interações microscópicas do sistema magnético, com o campo magnético externo B ligado é representado pela seguinte expressão:

$$H(S) = -J \sum_{\langle ij \rangle} S_i.S_j - B \sum_i S_i$$

Onde J > 0 é a interação de troca entre vizinhos.

O fato de J ser positivo indica que se trata de um ferromagneto, ou seja, os *spins* precisam se alinhar paralelamente uns aos outros para minimizar a energia do sistema, o termo <ij> no somatório indica que as interações ocorrem entre pares de vizinhos próximos.

Para se estabelecer um entendimento completo e quantitativo de como o sistema magnético passa por diferentes fases conforme a temperatura é variada, precisamos definir algumas quantidades termodinâmicas cujas propriedades estatísticas são medidas em termos dos constituintes da rede. O estado de equilíbrio termodinâmico de um sistema é selecionado probabilisticamente pelo fator de Boltzmann

$$P_\mu = \frac{1}{Z}\exp(-E_\mu/kT)$$

Onde $Z = \sum_\mu \exp(-\beta E_\mu)$ é a função de partição do sistema no *ensemble* canônico, β = 1/kT é a temperatura absoluta do sistema, Eμ é a energia do estado μ, k é a constante de Boltzmann. A seguir serão listadas algumas quantidades termodinâmicas que emergem da função de partição.

2.1 Energia

Num estado de equilíbrio termodinâmico, a energia interna responsável pelo ordenamento sistema é descrita em termos da função de partição da seguinte maneira:

$$U = \langle E \rangle = \frac{1}{Z}\sum_\mu E_\mu \exp(-\beta E_\mu)$$

A equação acima pode ser reescrita tomando a derivada da função de partição com relação a β:

$$U = -\frac{1}{Z}\frac{\partial Z}{\partial \beta} = -\frac{\partial \ln Z}{\partial \beta}$$

2.2 A entropia

Entropia, entidade que compete com a energia metaforicamente falando, é representada pela seguinte expressão:

$$S = -k\beta\frac{\partial \ln Z}{\partial \beta} + k\ln Z$$

A equação fenomenológica do sistema, que garante a estabilidade de diferentes fases de equilíbrio, é conhecida como funcional de energia livre de Helmholtz

$$F = U - TS = -kT \ln Z$$

De forma bem objetiva, pode-se dizer que a energia interna U (energia de ordenamento) compete com o termo de entropia T S (favorece a desordem) a fim de minimizar F. No sistema magnético, as duas fases em que F é minimizada são a fase paramagnética dominada pelo termo de entropia T S, e a fase ferromagnética dominada pela energia interna U. Para os modelos descritos por Hamiltonianos efetivos H(Si), o que se mede é a energia média por partícula:

$$E = \frac{1}{N} \langle H(S_i) \rangle .$$

2.3 Magnetização

A magnetização de um ferromagneto, que aqui será representada pelo seu valor médio m, varia em resposta a um campo magnético externo aplicado de intensidade B, podendo ser calculada a partir da derivada da energia livre F com relação a B:

$$m = -\frac{\partial F}{\partial B}$$

Para um sistema definido numa rede de N sítios ocupados por variáveis de *spins* Si, a magnetização média é dada por:

$$m = \frac{\sum_i \langle S_i \rangle}{N}$$

Onde m é a magnetização média por *spin* e o somatório indica que a soma é tomada sobre todos os *spins* da rede.

O parâmetro de ordem de um ferromageto é a própria magnetização média do sistema. Geralmente, valores do parâmetro de ordem diferentes de zero correspondem a uma quebra de simetria. No exemplo magnético apresentado anteriormente, a simetria quebrada é a simetria de inversão de *spins*. Abaixo da temperatura de transição Tc, o sistema permanece invariante apenas numa dada direção da magnetização espontânea, enquanto em fases de altas temperaturas o sistema permanece invariante para todas as direções possíveis da magnetização (Pfeuty; Toulouse, 1987).

Em geral, quando há descontinuidade no parâmetro de ordem no ponto de transição, segundo Landau a transição é de primeira ordem. Por outro lado, se o parâmetro de ordem for contínuo na transição, ocorre então uma transição contínua ou de segunda ordem. Nas proximidades do ponto crítico, as quantidades termodinâmicas são governadas por leis de potência cujos expoentes são fundamentais para identificar em qual classe de universalidade as propriedades críticas estáticas do sistema são classificadas. Para temperaturas T < Tc, a magnetização cai com a seguinte lei de potência:

$$m \sim (T_c - T)^{\beta}$$

Onde β é um expoente crítico.

2.4 Calor específico

Estatisticamente, o calor específico reflete flutuações na energia interna com relação à temperatura, podendo ser escrito da seguinte maneira.

$$C_V = \frac{\partial U}{\partial T} = k\beta^2 \frac{\partial^2 \ln Z}{\partial \beta^2}$$

Outra maneira de estimar o valor de C_v é feito mediante o desvio médio quadrático da energia interna U = <E>.

$$C_V = \frac{k\beta^2}{N}\left(\langle E^2\rangle - \langle E\rangle^2\right)$$

2.5 Suscetibilidade

A suscetibilidade informa o quanto uma variável do sistema responde linearmente às variações de seus campos conjugados. Este fato é conhecido como teorema de resposta linear. Num magneto, uma das formas de se calcular as amplitudes das flutuações da magnetização com respeito ao campo magnético é dado pela suscetibilidade magnética:

$$\frac{\partial \langle M \rangle}{\partial B} = \frac{\beta}{N} \left(\langle M^2 \rangle - \langle M \rangle^2 \right)$$

Ou, ainda, em termos da magnetização por *spin*:

$$\chi = \frac{\beta}{N} \left(\langle M^2 \rangle - \langle M \rangle^2 \right) = \beta \left(\langle m^2 \rangle - \langle m \rangle^2 \right)$$

No limite termodinâmico, a suscetibilidade é marcada por uma divergência na temperatura crítica de transição Tc.

3. Senso crítico: será que a Mecânica Estatística satisfatoriamente analisa o fenômeno humano?

De forma resumida, pode-se afirmar que a Mecânica Estatística opera no domínio probabilístico e não determinísticos, onde as leis estão isentas de incertezas e efeitos da aleatoriedade. As principais áreas de investigações se concentram em fenômenos complexos. Isto é, sistemas cujos agentes interagem entre si, dando origem a diversas estruturas observáveis em diferentes escalas de mediadas, permitindo evolução e adaptação do próprio sistema por via de leis muito simples *a priori*.

As aplicações da Mecânica Estatística estão presentes em basicamente todas as áreas das ciências naturais, com atenção especial nas ciências biológicas com o desenvolvimento da neurociência. Não apenas as ciências naturais, mas também ciências econômicas e sociais, que lidam com redes de sistemas complexos e suas interações vêm recebendo tratamentos da Mecânica Estática com sucesso surpreendente. Por este e outros motivos que serão descritos neste livro, a Mecânica Estatística foi escolhida para dar a formalização matemática da Análise de Redes em Psicometria, como já mencionado aqui quando tratamos do Modelo de Ising.

O sucesso da Mecânica Estatística, quando aplicada aos diversos fenômenos físicos como o ferromagnetismo, se explica no fato de que sua construção não representa apenas uma revolução na ciência Física, mas sim uma revolução na forma de analisar dados do mundo complexo e extrair informações deste mundo, seja este físico ou não.

3.1 Computadores e simulações

Em meados do século XX, a computação ganhou espaço na comunidade científica com o desenvolvimento de simulações. Parte do sucesso da Mecânica Estatística se deve a esta revolução da computação, uma vez que os modelos matemáticos de sistemas termodinâmicos geralmente são representados por interações de partículas interagentes situadas em redes especificadas de acordo com a informações fundamentais do sistema.

Na psicometria, a grande aposta é poder empregar todo o poder de previsão que a Mecânica Estatística alcançou em diversas áreas, permitindo assim feitos como simulação de cenários psicológicos a partir de instrumentos já validados e utilizados para se obter dados para análises de perfis comportamentais.

Conclusão

A ideia de interações entre entes microscópicos de um sistema foi central nos tópicos anteriores. Na natureza tudo é complexo, e para sistematizar um objeto e realizar estudos sobre ele, é necessário criar certas abstrações. Além de conhecimento em Física, é preciso muita criatividade para desenhar as estruturas da matéria de forma lógica e que represente as interações de forma consistente. O mesmo pode ser dito partindo da Física para o domínio da Psicologia.

As interações complexas de fenômenos psicológicos que formam os construtos estudados pela Psicometria podem ser modeladas e até mesmo quantificadas. Para isso, a Análise de Redes vem demonstrando como o modelo de Ising, oriundo do estudo do ferromagnetismo, pode satisfatoriamente ajudar a entender e predizer fenômenos psicológicos. Descortina-se uma nova fase da Psicometria, então, marcada por uma revolução na forma de lidar matematicamente com a aleatoriedade e a complexidade inerente ao fenômeno psicológico. Revolução essa comparável àquelas ocorridas na Física dos Materiais nas últimas décadas, em grande parte explicáveis por novos recursos computacionais e por meio de simulações.

Estudar a Análise de Redes em Psicometria é tomar parte dessa revolução em curso. O que implica entender os modelos oriundos da Mecânica Estatística e com esses podem ser aplicados para o tratamento de dados psicométricos.

Referências

Binney, J. J. (2002). *The theory of critical phenomena: an introduction to the renormalization group*. Clarendon Press.

Lopes, J. (2017). *Simulações de teorias de campo para sistemas magnéticos*. [Dissertação de Mestrado]. Universidade Federal de Santa Catarina. https://repositorio.ufsc.br/bitstream/handle/123456789/186211/ PFSC0330-D.pdf?sequence=-1&isAllowed=y

Pfeuty, P. & Toulouse, G. (1987). *Introduction to the renormalization group and to critical phenomena*. John Wiley & Sons.

Provatas, N., & Elder, K. (2010). *Phase-field methods in materials science and engineering*. Wiley-Vch.

Yeomans, J. M. (1992). *Statistical mechanics of phase transitions*. Clarendon Press.

Análise de redes aplicada à adaptação de instrumentos de avaliação psicológica: um tutorial com o *software JASP*

Daniel Ruivo Marques

Objetivos

- Discutir a pertinência da aplicação da análise de redes no âmbito da avaliação psicológica.
- Demonstrar a aplicação prática da análise de redes a um instrumento de avaliação psicológica amplamente conhecido.
- Familiarizar o leitor com o módulo de análise de redes do *software JASP*.

Introdução

A análise de redes (AR), ou *network analysis*, é uma metodologia de análise de dados que nas últimas décadas tem sido amplamente utilizada em diversas disciplinas científicas (Borsboom, 2017; Borsboom et al., 2021; Costantini & Perugini, 2016; Marques & Azevedo, 2018). A AR caracteriza-se por ser um paradigma emergente em diversas áreas como a física, a biologia, a genética, as ciências da computação e as ciências sociais (Machado et al., 2015). Uma das aplicações com interesse para a neuropsicologia é, por exemplo, a conectômica cerebral e a forma como a abordagem de redes se aplica ao estudo da estrutura e funcionamento do cérebro (van den Heuvel & Pol, 2010).

Em Psicologia e Psiquiatria, a AR tem sido utilizada, fundamentalmente na última década, com o objetivo de se tornar uma alternativa às abordagens ou modelos de variáveis latentes que são ainda os mais conhecidos e utilizados atualmente (Borsboom & Cramer, 2013; Borsboom et al., 2021; Cruz et al., 2021; Hevey, 2018; McNally, 2016; Nuijten et al., 2016).

No campo da Psicometria e do desenvolvimento de instrumentos psicológicos, as abordagens privilegiadas têm sido a teoria clássica dos testes (TCT), a análise fatorial e a teoria de resposta ao item (TRI). A TCT, ainda a abordagem mais utilizada, centra-se acima de tudo nas questões em torno da fidedignidade e erros das medidas; por sua vez, a análise fatorial e a TRI são abordagens derivadas do modelo de variáveis latentes (a análise fatorial amplamente utilizada para estudos de validade de construto ou validade baseada na estrutura interna e a TRI centrada na análise dos itens e não no teste como um todo, como acontece com a TCT) (AERA, APA, ACME, 2014). Nos últimos anos, a AR tem sido muito discutida e aplicada no âmbito da psicopatologia (Robinaugh et al., 2020).

Neste capítulo, pretende-se discutir as potencialidades e implicações da utilização da abordagem de redes no domínio da avaliação psicológica, nomeadamente na construção e adaptação de instrumentos de autorrelato. Mais especificamente, é apresentado, em formato de tutorial, como a utilização do *software* gratuito *JASP* pode ajudar o pesquisador a realizar análise de redes.

Análise de redes e instrumentos de avaliação psicológica

Atualmente, no processo de construção e adaptação de instrumentos de avaliação psicológica, ainda é frequente a utilização de procedimentos estatísticos baseados na TCT e na análise fatorial (Cruz et al., 2021). Embora menos frequente, são também usadas técnicas da TRI, que partilham com a análise fatorial, o facto de serem estratégias analíticas associadas ao modelo de variáveis latentes (Machado et al., 2015). Este último, parte da suposição de que as variáveis manifestas (e.g., itens de um teste) estão inter-relacionados entre si devido à influência de um fator comum que, neste caso, seria um fator ou variável não observada (latente). Por outras palavras, os itens seriam a expressão direta ou mensurável de um construto psicológico que não se pode observar diretamente (Borsboom, 2017; Borsboom & Cramer, 2013).

Como seria de esperar, até pela novidade, a abordagem de redes tem sido ainda pouco utilizada neste contexto da avaliação psicológica. No entanto, refira-se, por exemplo, os estudos recentes de Zyl (2021) ou de Dias et al. (2021), que aplicam a abordagem da AR especificamente a instrumentos de avaliação psicológica, ambos relacionados com a área da saúde. Como o leitor já teve oportunidade de estudar noutros capítulos do presente livro, a AR surgiu primeiramente, e acabou por ficar mais conhecida, na área da psicopatologia e saúde mental, representando uma alternativa aos modelos clássicos focados em variáveis latentes. No entanto, o alcance do paradigma das redes vai muito além desse contexto.

Associados à abordagem de redes estão conceitos fundamentais, como as medidas de centralidade (*centrality measures*), e, dentro destas, a conectividade ou intermediação (*betweenness*), a proximidade (*closeness*), a força (*strength*) e a influência esperada (*expected influence*) (Para uma explicação detalhada destes conceitos, consultar o capítulo 1 do presente livro.) Para efeitos de desenvolvimento de instrumentos de avaliação psicológica, os *nós* da rede irão traduzir os itens do instrumento, e as *arestas* irão refletir as associações (geralmente correlações parciais com aplicação de penalizações) entre os diferentes itens (Hevey, 2018; Leme et al., 2021).

Uma das implicações diretas será perceber quais serão, por exemplo, os itens mais centrais do instrumento através da aplicação de algoritmos de posicionamento (Fruchterman & Reingold, 1991) e das medidas de centralidade, em particular a da força dos nós, dado que esta é a medida que se tem revelado mais estável em estudos de simulação. Nesta linha, será igualmente importante compreender de que maneira determinados itens se tornam importantes apenas porque estão no caminho de outros itens. Uma outra análise interessante que a abordagem de redes nos permite realizar é compreender a dinâmica do comportamento dos itens (nós) do instrumento para grupos ou amostras diferentes. Esta nova visão da psicometria pode complementar o estudo que normalmente é efetuado com a TCT, a análise fatorial e a TRI, permitindo aperfeiçoar os instrumentos de avaliação psicológica (Dias & Marques, 2021; Machado et al., 2015).

O que é o *JASP*?

O *JASP* é um *software* de utilização livre e gratuita, desenvolvido por pesquisadores da Universidade de Amesterdã, na Holanda, desde 2015 (Love et al., 2019). A sua interface gráfica é muito idêntica a outros programas conhecidos dos pesquisadores na área da Psicologia, como o *IBM SPSS Statistics* (Figura 1). Além disso, o programa representa apenas uma interface gráfica que roda a linguagem *R* nos bastidores. Comparativamente a outros programas disponíveis no mercado, o *JASP* tem também a vantagem de possuir um módulo de análise de redes, o que torna acessível este tipo de análise a utilizadores com pouco ou nenhum conhecimento de programação. Para o exemplo prático deste capítulo, iremos utilizar o *JASP* na sua versão 0.16.1, que foi lançada em 16 de fevereiro de 2022 (JASP Team, 2022). Contudo, o leitor deve ter em atenção que as atualizações do programa são frequentes e que pode haver diferenças em relação ao que é apresentado neste capítulo e em outras versões posteriores. O *software* pode ser obtido a partir do seguinte *website* da internet: *https://jasp-stats.org/download/*

Figura 1 – Interface gráfica do *JASP*

Exemplo prático

Para a exemplificação prática da aplicação da AR a um instrumento de avaliação psicológica, iremos utilizar a Escala de Ansiedade e

Depressão Hospitalar (*Hospitalar Anxiety and Depression Scale – HADS*). A HADS é uma escala de autorrelato de avaliação da ansiedade e da depressão amplamente utilizada em todo o mundo (Zigmond & Snaith, 1983). Ela é constituída por 14 itens, sendo que 7 avaliam a ansiedade e os outros 7, a depressão. Do ponto de vista da sua estrutura fatorial, ela é habitualmente dividida num fator de ansiedade (composto pelos itens ímpares) e outro de depressão (composto pelos itens pares). Os itens são respondidos numa escala que varia de 0 a 3 pontos.

Para este tutorial, iremos usar uma base de dados constituída por 1.641 participantes (77% homens e 23% mulheres), recrutados da população geral com idades compreendidas entre os 18 e os 25 anos, com uma idade média de 21 anos (*DP*=1.90), em que foi aplicada a versão portuguesa (Português Europeu) da HADS (Pais-Ribeiro et al., 2007). Para uma explicitação de cada um dos itens da HADS-PT (Tabela 1). Os dados trabalhados neste exemplo foram retirados de uma base de dados real, mais ampla, que tem sido utilizada para a publicação de alguns artigos (e.g., Silva et al., 2021).

Tabela 1 – Descrição dos itens da HADS-PT

Código do item	Descrição
HADS_1	*"Sinto-me tenso/a ou nervoso/a"*
HADS_2	*"Ainda sinto prazer nas coisas de que costumava gostar"*
HADS_3	*"Tenho uma sensação de medo, como se algo terrível estivesse para acontecer"*
HADS_4	*"Sou capaz de rir e ver o lado divertido das coisas"*
HADS_5	*"Tenho a cabeça cheia de preocupações"*
HADS_6	*"Sinto-me animado/a"*
HADS_7	*"Sou capaz de estar descontraidamente sentado/a e sentir-me relaxado/a"*
HADS_8	*"Sinto-me mais lento/a, como se fizesse as coisas mais devagar"*
HADS_9	*"Fico de tal forma apreensivo/a (com medo), que até sinto um aperto no estômago"*
HADS_10	*"Perdi o interesse em cuidar do meu aspecto físico"*
HADS_11	*"Sinto-me de tal forma inquieto/a que não consigo estar parado/a"*

Código do item	Descrição
HADS_12	*"Penso com prazer nas coisas que podem acontecer no futuro"*
HADS_13	*"De repente, tenho sensações de pânico"*
HADS_14	*"Sou capaz de apreciar um bom livro ou um programa de rádio ou televisão"*

Ilustração passo a passo da análise e interpretação do *output*

- *Passo #1.* Inicie o *JASP*. Assim que o programa abre, deverá ver a seguinte tela (Figura 2):

Figura 2 - Tela inicial do *JASP*

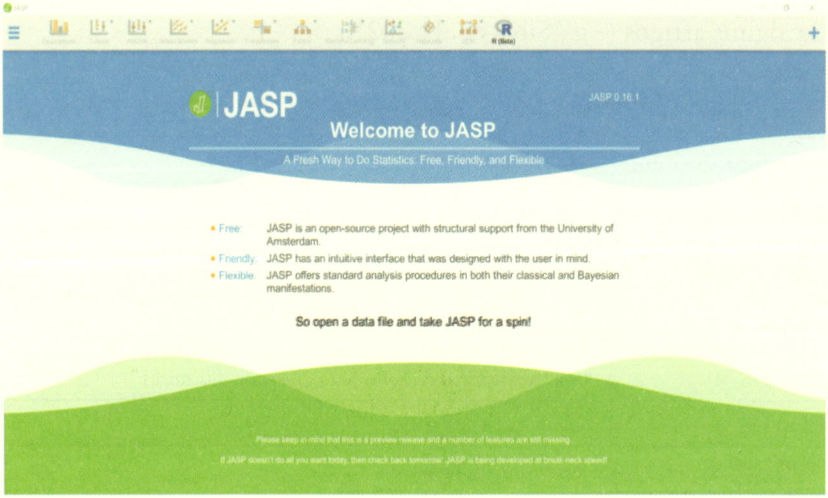

Nesta tela inicial do *JASP*, os seus autores enfatizam que o programa é gratuito, de fácil utilização e flexível, estando em constante atualização e aperfeiçoamento.

- *Passo #2.* Carregue a base de dados para o *JASP* (Figura 3). Para tal, deverá premir o botão indicado pela seta preta na figura e que contém três linhas horizontais.

Figura 3 - Carregar o ficheiro que se irá analisar

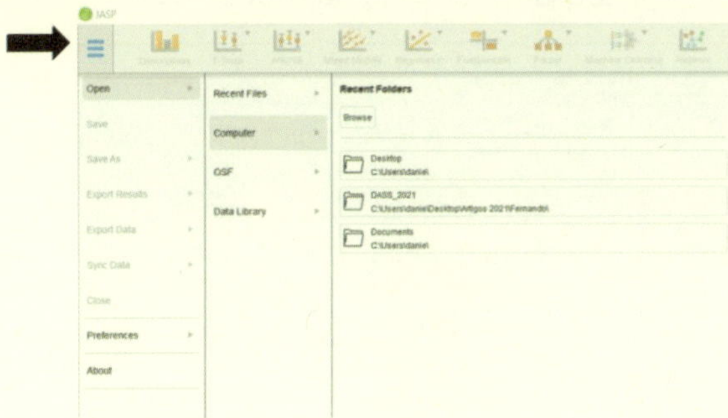

- *Passo #3.* Depois de abrir o *JASP* e termos a base de dados carregada, devemos pressionar o botão "+" do lado direito da tela para adicionarmos o módulo de redes na nossa barra de opções superior (ver Figura 4).

Figura 4 - Carregar o módulo de análise de redes

- *Passo #4.* Depois de pressionarmos o botão "*Network*", a seguinte janela de opções deverá aparecer do lado esquerdo da tela (Figura 5):

Figura 5 - Vista geral das opções que integram a análise de redes no *JASP*

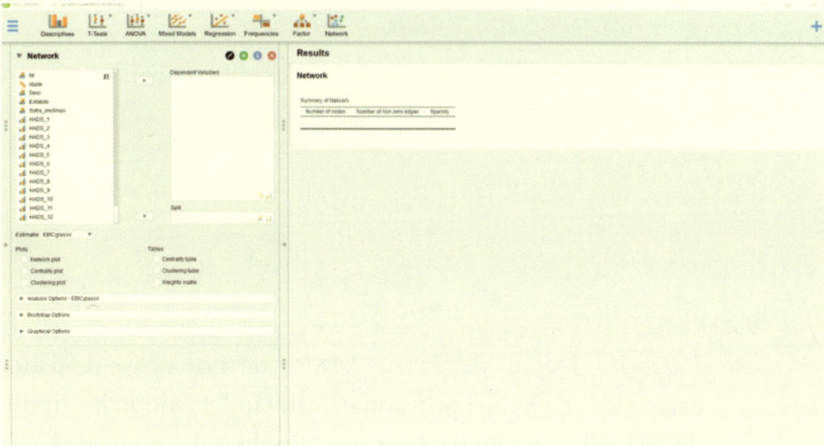

Algo que o leitor verificará de imediato é que, à medida que for selecionando variáveis e opções de análise, o *output* atualizará de imediato as opções selecionadas e apresentará, simultaneamente, os resultados ou a saída (*output*) das suas análises. Analisemos, de seguida, cada um dos separadores que o módulo de redes disponibiliza.

- ***Passo #5.*** Depois de passarmos as variáveis de interesse para a caixa de variáveis dependentes (*Dependent Variables*), a tabela "*Summary of network*" será automaticamente preenchida.

Nesta tabela (Figura 6), verificamos que são identificados 14 nós, que correspondem ao número total de itens da HADS. Para além disso, é dada uma medida de "*sparsity*", que neste caso é 0.286. Se este indicador for 0, isso significa que todas as possíveis ligações (*edges*) entre os nós estão presentes. Ou seja, quanto mais conectada e densa for uma rede, mais próximo de 0 será o seu valor, ao passo que valores próximos de 1 sugerem uma rede mais parcimoniosa.

Não existem propriamente indicadores bons ou maus de "*sparsity*". Ainda assim, pode ser uma referência útil para comparar grupos. Neste bloco podemos também selecionar o tipo de estimador da rede (Figura 6). No nosso caso, iremos selecionar o estimador "*EBICglasso*". Este último é adequado para variáveis ordinais e contínuas, permitindo o cálculo de coeficientes de correlação parciais regularizados. No entanto, o leitor pode verificar que, consoante a natureza dos seus dados, tem a possibilidade de selecionar outros estimadores mais apropriados: por exemplo, "*IsingFit*" e "*IsingSampler*" para dados binários/dicotómicos, e "*mgm*" (*mixed graphical model*) para dados que contêm variáveis binárias e contínuas.

Figura 6 - Escolha das variáveis para análise e seleção do estimador

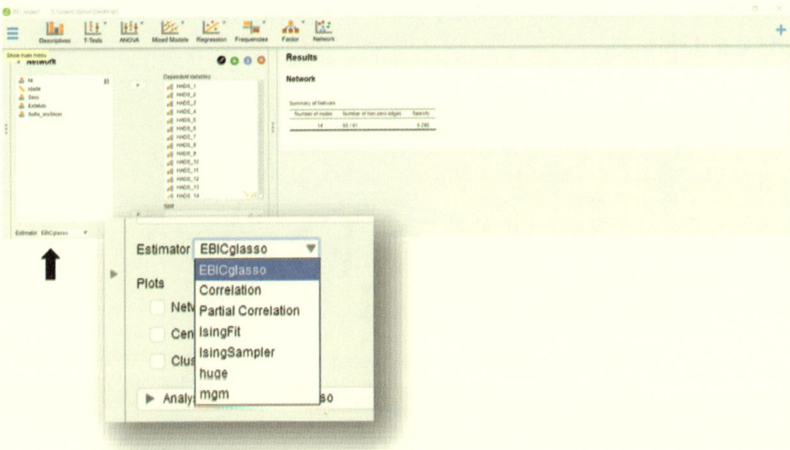

- *Passo #6.* Nas opções disponíveis de gráficos e tabelas que o *JASP* nos oferece logo de seguida, iremos selecionar, para o nosso exemplo, as que se encontram marcadas na Figura 7.

A tabela com a matriz dos pesos (*Weights matrix*) apresenta, consoante o estimador utilizado, os valores de correlação entre todos os nós. As opções de "*clustering*" não serão abordadas neste capítulo.

Figura 7 - Opções de gráficos e tabelas

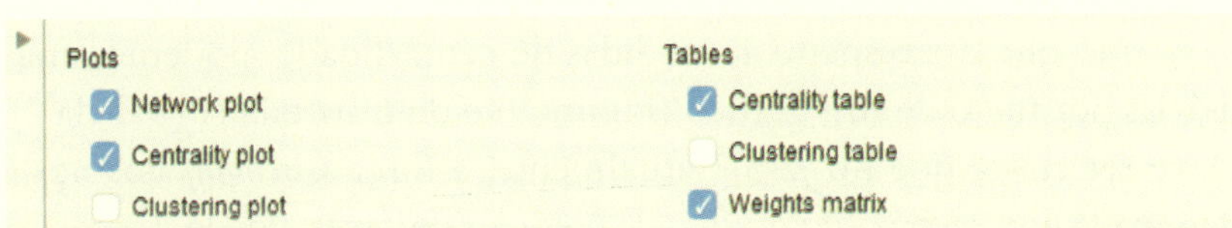

Assim que selecionamos estas opções, o programa irá nos dar, no *output*, os dois gráficos e a tabela que foram solicitadas.

Relativamente ao gráfico de redes (*network plot*), podemos observar que só existem correlações positivas entre os itens, o que é visível pelas ligações em cor azul (Figura 8). Caso houvesse associações negativas, elas seriam representadas pela cor vermelha. Desde logo, ressalta a ideia de que os itens relacionados com a ansiedade e com a depressão parecem constituir dois grupos relativamente bem identificados. No entanto, devemos destacar o papel que o item 7 (pertencente à ansiedade) tem com os itens 4 e 6 (ambos pertencentes à depressão), parecendo fazer aqui um certo ponto de ligação (ponte) entre a ansiedade e a depressão.

Figura 8 - Rede para a HADS

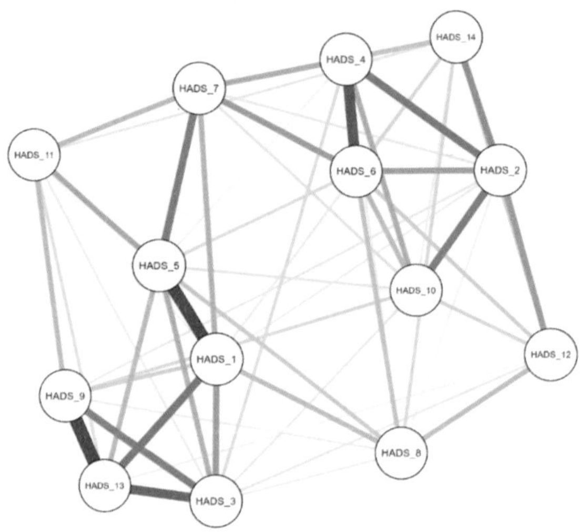

Formalmente, para estudar empiricamente as "pontes" (*bridges*) entre os nós, precisaríamos de outras opções de análise estatística que, de momento, o *JASP* não faculta. Contudo, através do *R* esta análise torna-se possível (Capítulo 6 deste livro).

No que diz respeito às medidas de centralidade, podemos analisá-las por meio de um gráfico (Figura 9) e de uma tabela (Tabela 2). Deve referir-se que no *JASP*, atualmente, a força (*strength*) dos nós é designada por "*degree*" no gráfico de medidas de centralidade. De forma complementar à análise do gráfico de redes, percebemos que o item 7 ("*Sou capaz de estar descontraidamente sentado/a e sentir-me relaxado/a*") é aquele que, de todos os itens da HADS, obtém valores mais elevados de conectividade ou intermediação (i.e., número de vezes que um nó permanece no caminho mais perto entre outros dois nós) e proximidade (i.e., distância média de um determinado nó em relação a todos os outros nós da rede). Já quanto à força, os nós mais centrais são os itens 1, 5 e 13 (Tabela 1). Para uma análise detalhada do significado desses indicadores, ver Capítulo 1 deste livro.

Figura 9 - Gráfico de medidas de centralidade

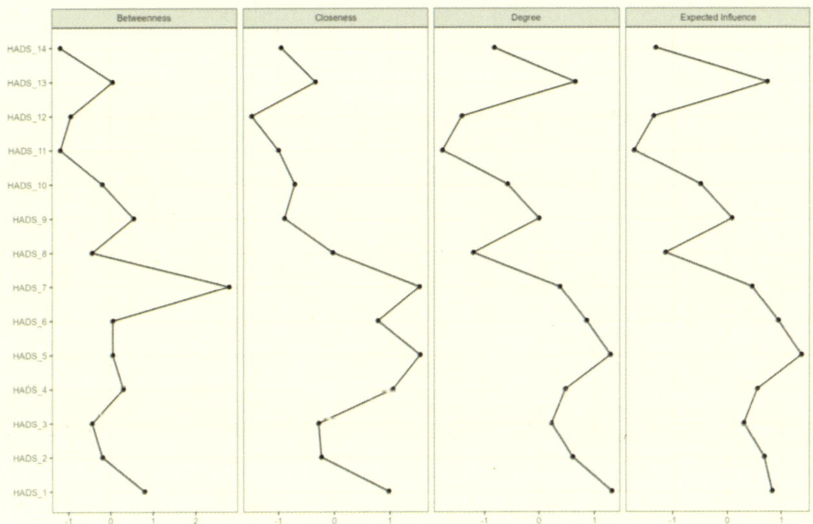

Tabela 2 - Tabela contendo os valores para as medidas de centralidade

	Network			
Variável	Intermediação	Proximidade	Força	Influência Esperada
HDS_1	0,799	0,976	1,313	0,830
HDS_2	-0,195	-0,234	0,606	0,686
HDS_3	-0,444	-0,284	0,227	0,308
HDS_4	0,302	1,053	0,476	0,557
HDS_5	0,053	1,545	1,291	1,372
HDS_6	0,053	0,784	0,860	0,941
HDS_7	2,788	1,532	0,377	0,458
HDS_8	-0,444	-0,028	-1,213	-1,133

	Network			
Variável	Intermediação	Proximidade	Força	Influência Esperada
HDS_9	0,550	-0,891	1.650e-4	0,081
HDS_10	-0,195	-0,706	-0,576	-0,496
HDS_11	-1,190	-0,994	-1,776	-1,697
HDS_12	-0,941	-1,472	-1,422	-1,342
HDS_13	0,053	-0,334	0,656	0,737
HDS_14	-1,190	-0,946	-0,819	-1,304

- *Passo #7.* No separador seguinte, surgem várias opções disponíveis que são congruentes com o estimador de análise que previamente selecionamos.

Na maior parte dos casos, é recomendável deixar as opções assinaladas por defeito, nomeadamente, a opção por redes ponderadas (*weighted*) e com identificação da valência (*signed*) (Figura 10). A primeira permite representar e distinguir os diversos pesos de correlação parcial associados a cada aresta (i.e., linhas mais ou menos espessas consoante a magnitude do coeficiente); ao passo que a segunda permite distinguir, através de um código de cores, associações positivas (azul) e negativas (vermelho).

Figura 10 – Opções de análise consoante o estimador escolhido (no caso do presente exemplo, o estimador é o "*EBICglasso*")

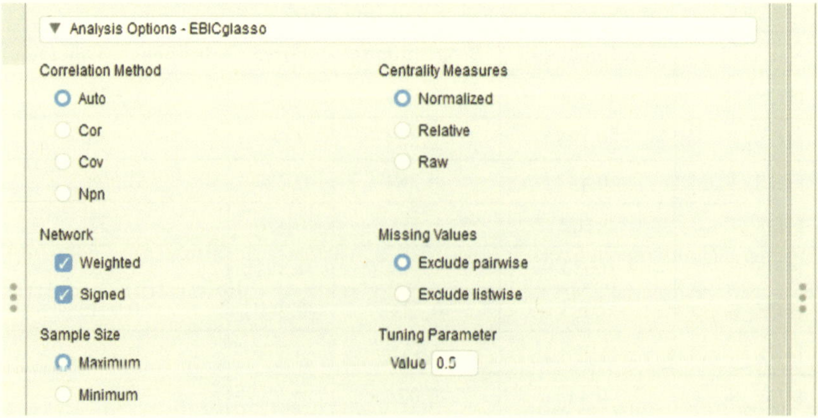

- *Passo #8.* Depois de estimado o modelo e de analisados os indicadores de centralidade, é recomendável realizar análises de precisão e estabilidade (Burger et al., 2020; Epskamp et al., 2018; Leme et al., 2021). Esse tipo de análise, ainda atualmente a ser aperfeiçoado pelos teóricos da AR, é executado mediante a técnica de "*bootstraping*" (Caixa 1).

O que é o *Bootstrapping*?
O *Bootstrapping* é uma técnica de reamostragem estatística robusta desenvolvida por Efron (1979) e que tem sido amplamente utilizada, incluindo em análises no âmbito da psicologia, quando a distribuição da população é desconhecida ou quando não podemos assumir a normalidade das distribuições (Field, 2018). De maneira geral, a técnica se baseia na seguinte ideia: os dados da amostra são tratados como a "população" da qual são extraídas amostras randomizadas (amostras *bootstrap*) com o mesmo número de participantes da amostra original. Acontece que alguns dos casos selecionados para cada uma destas amostras *bootstrap* são eliminados algumas das vezes, ao passo que outros são duplicados. De cada vez que é extraído um parâmetro de interesse (e.g., média), as variáveis voltam à amostra original. Chamamos a esse processo de "amostragem com reposição" (*random resampling with replacement*). Este procedimento é repetido diversas vezes (e.g., 1000 ou 2500 vezes), de maneira a que no final tenhamos tantos parâmetros estimados quantas as amostras extraídas. Uma das vantagens desse método é permitir o cálculo de intervalos de confiança, o que vai permitir mais precisão nas estimativas (Burger et al., 2020; Field, 2018). É importante mencionar que existem várias possibilidades de efetuar o *bootstrapping* (e.g., *percentile bootstrap confidence interval, BCa 95% Confidence Interval*).

Automaticamente, o *JASP* traz esta opção de *bootstrapping* desativada, pelo que, para efetuarmos a análise, teremos de selecionar a opção "*Bootstrap network*" e indicar o número de amostras "*bootstrap*" que pretendemos. No nosso exemplo, iremos solicitar 1000 amostras. Quanto às restantes opções, deixaremos o que já vem selecionado automaticamente pelo programa (Figura 11). Deve-se referir que o cálculo do *bootstrap* pode ser relativamente demorado consoante as características do computador onde está a ser executada a análise. Importa também mencionar que o *JASP*, apesar de realizar mais análises de *Bootstrapping* do que há uns anos, ainda é claramente insuficiente comparativamente ao poder de estimação de alguns pacotes do *R*, por exemplo (Marques et al., 2020).

Figura 11 – Separador de *Bootstrap* com as opções selecionadas para o nosso exemplo

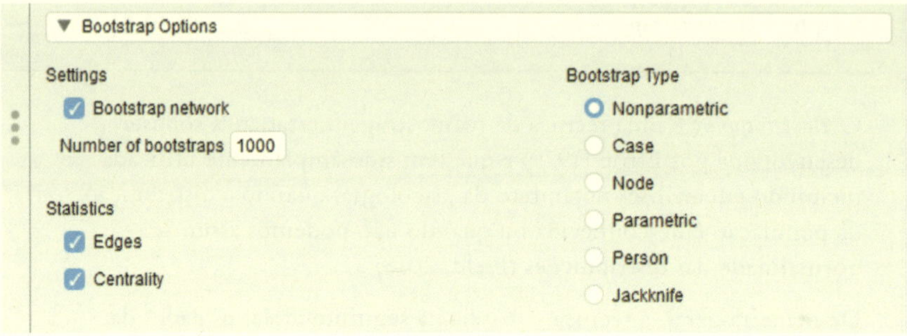

Na Figura 12 é apresentado o gráfico com a análise de estabilidade das arestas. No eixo das ordenadas encontram-se pares de itens. Cada linha horizontal representa uma linha da rede, ordenada desde a linha com o peso maior até à linha com um peso menor (a interpretação da figura no JASP é claramente prejudicada pela sobreposição de texto, pelo que se aconselha a omitir esta informação da figura para efeitos de publicação). Os pontos vermelhos representam os valores das arestas para a amostra, enquanto os pontos pretos traduzem os valores encontrados por *bootstrap*. As linhas em cinzento representam os intervalos de confiança para os pesos estimados das linhas. Por norma, quanto mais largo é o intervalo de confiança, menos precisão na estimativa poderemos ter.

Figura 12 - Análise de estabilidade das linhas/arestas

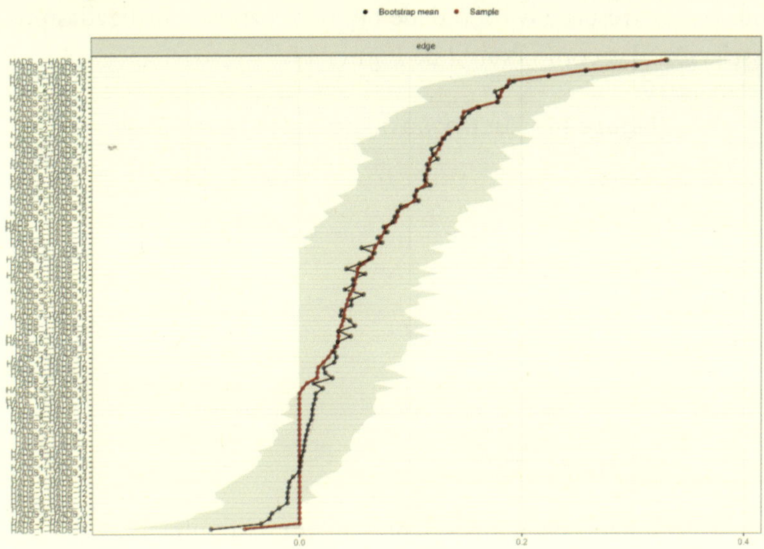

Nota: A lateral esquerda da figura apresenta os itens do instrumento após uma análise feita no JASP.Tendo em vista a grande quantidade de itens, a leitura pode se tornar difícil.

Na Figura 13 é apresentado o gráfico com a representação da estabilidade das três principais medidas de centralidade. As caixas a branco mostram o valor de cada nó que está representado no "*centrality plot*". As caixas a preto significam que os nós diferem entre si. As caixas a cinza significam que os nós não diferem entre si.

Figura 13 - Análise de estabilidade das medidas de centralidade

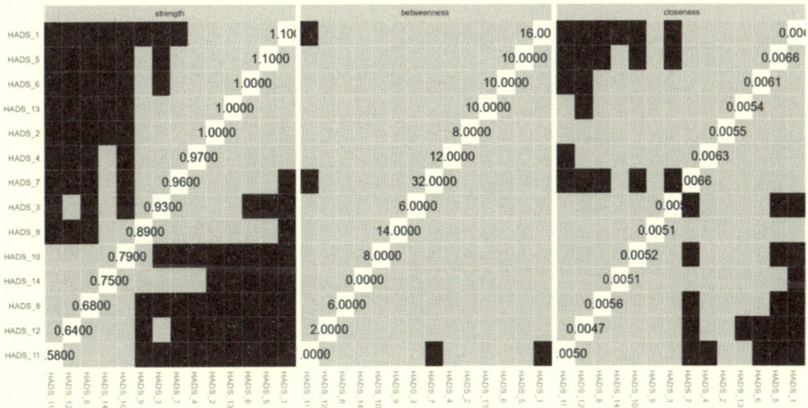

Outras análises de *bootstrapping* relativamente às medidas de estabilidade das arestas e centralidade também bastante utilizadas podem ser selecionadas como consta na Figura 14.

Figura 14 - Ilustração do *Bootstrap* tipo "*Case*"

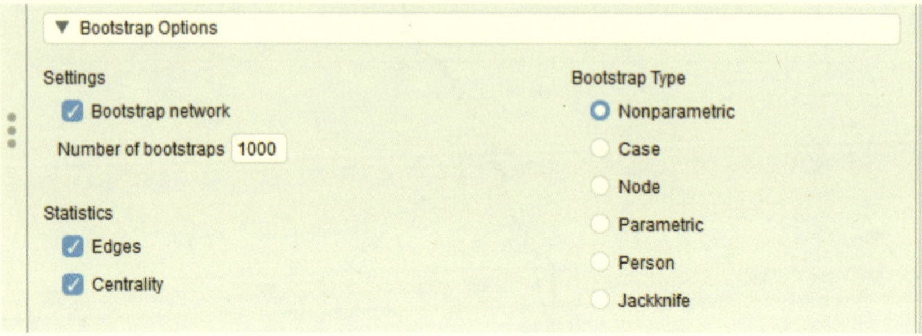

O resultado da análise é apresentado na Figura 15.

Figura 15 - Gráficos resultantes do "*Case-drop bootstrapping*"

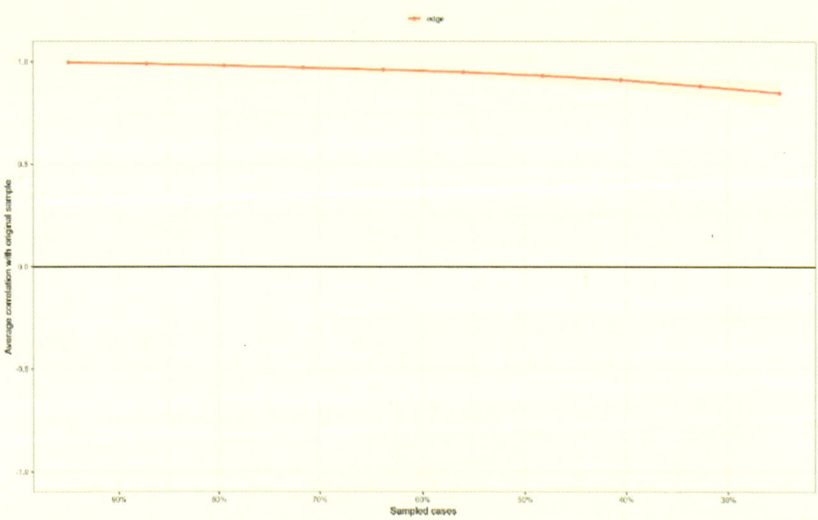

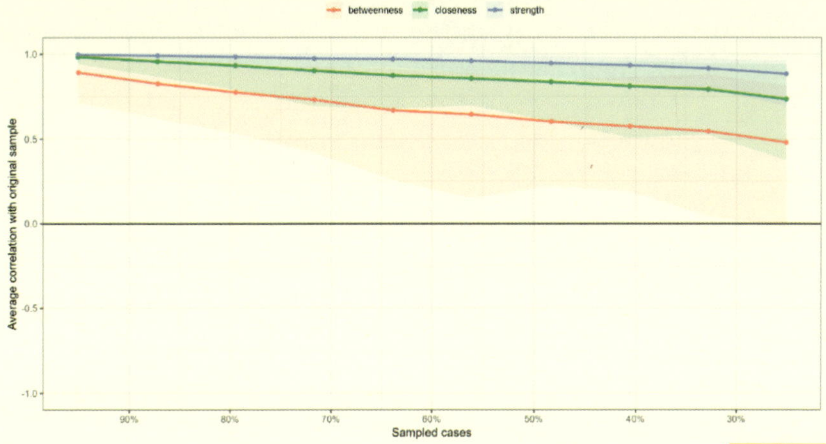

É importante ressaltar que a qualidade e a possibilidade de formatação destas imagens (particularmente das análises de *bootstrapping*) para efeitos de publicação é, ainda, uma limitação do *JASP*.

- ***Passo #9.*** O *JASP* possui ainda um separador designado "*Graphical Options*", que trata, sobretudo, de aperfeiçoar a apresentação do *layout* dos vários gráficos e tabelas (Figura 16).

Figura 16 – Separador de opções da análise de redes

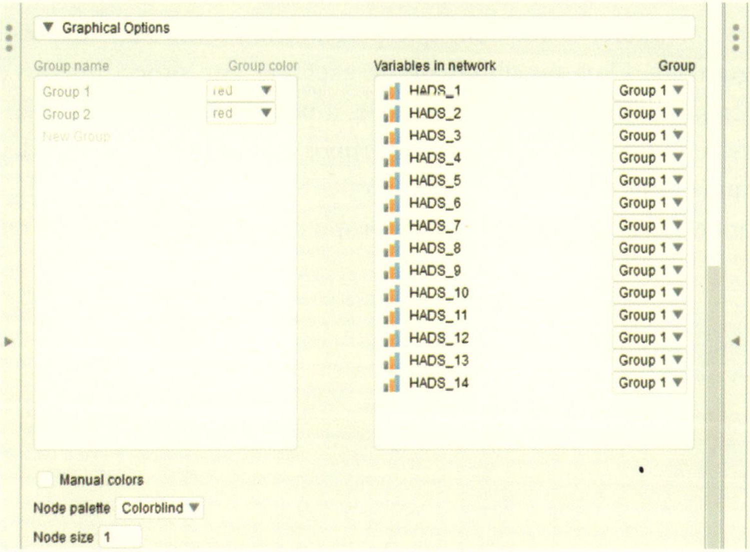

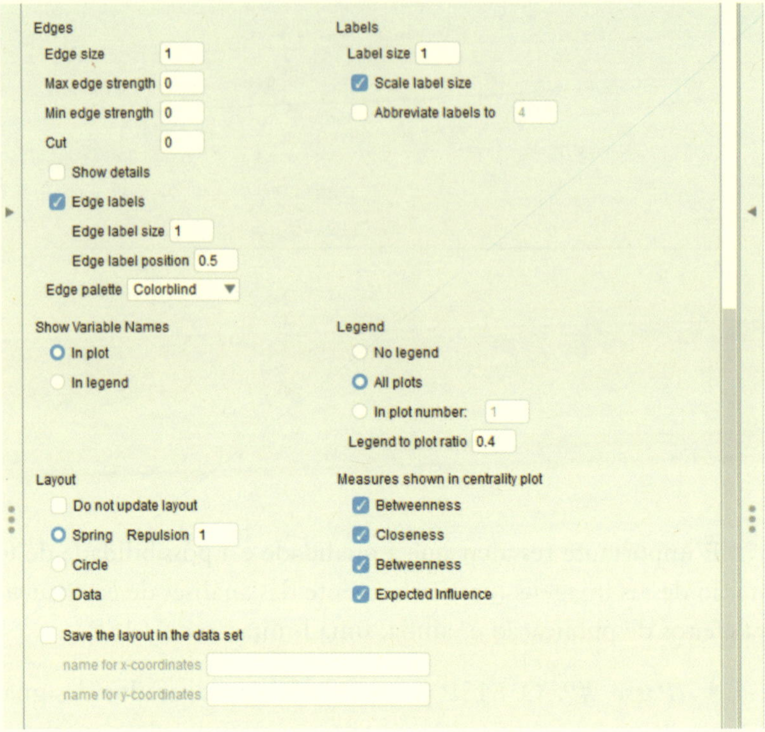

Dentro deste separador, temos disponível uma opção que torna mais inteligível a composição das redes. No nosso caso, podemos dar uma cor diferente aos itens que pertencem à dimensão "ansiedade" e outra cor diferente aos itens que pertencem à dimensão "depressão" (Figura 17). Uma possibilidade de executar este procedimento será selecionar a opção "*Manual colors*" e, a partir daí, selecionar quais os itens pertencentes a cada um dos grupos na opção da direita e depois dar um nome a cada uma das dimensões em "*Group name*", escolhendo a cor desejada para atribuir a cada grupo de variáveis em "*Group color*".

Figura 17 - Colocar cores diferentes em fatores distintos

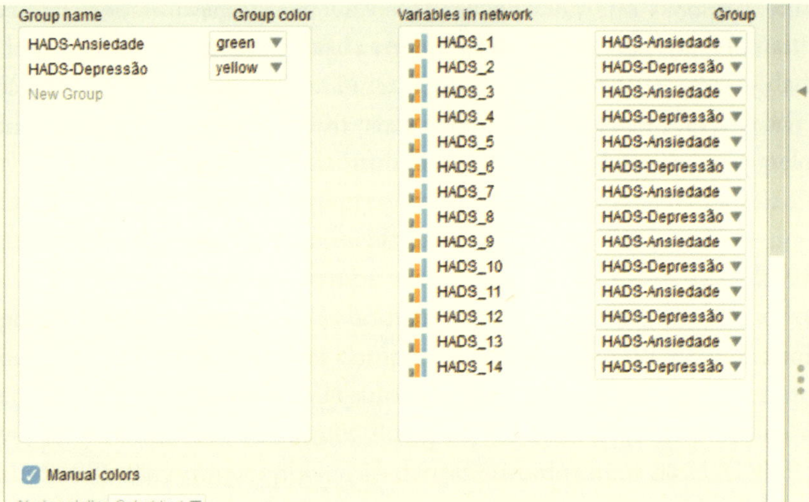

O resultado final é o apresentado na Figura 18.

Figura 18 - Gráfico de redes com discriminação de fatores por cor

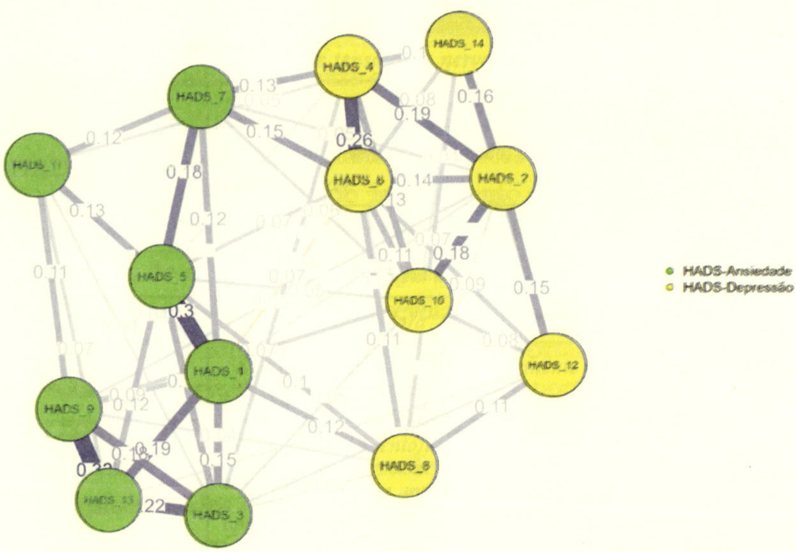

Nota: os valores que surgem agora em cima das arestas representam a matriz de pesos e podem ser solicitados na opção "*Edge Lables*".

Ainda dentro deste separador, chamamos a atenção para duas outras opções que poderão ter interesse para o pesquisador: na aba "*Layout*", por defeito, está selecionada a opção "*Spring*", que dá origem aos gráficos de rede que temos apresentado. Se selecionarmos a opção "*Circle*" (Figura 19), iremos obter uma disposição diferente, conforme apresentado na Figura 20.

Figura 19 - Configuração do *layout* da rede

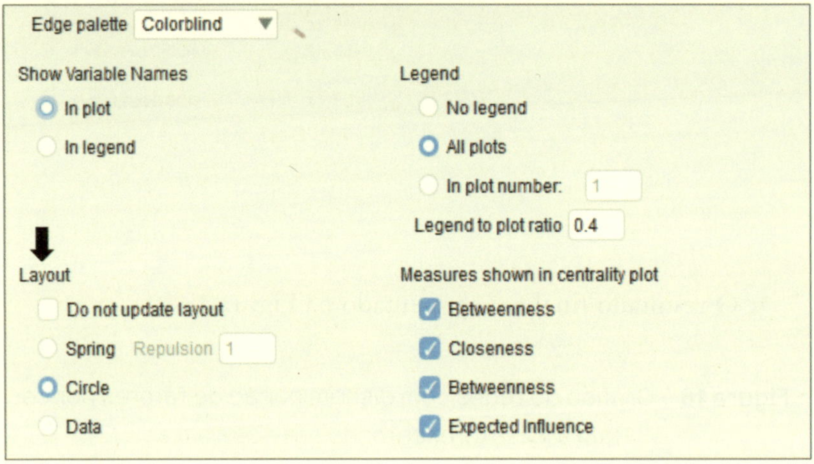

Fonte: O autor

Figura 20 - Apresentação circular da rede

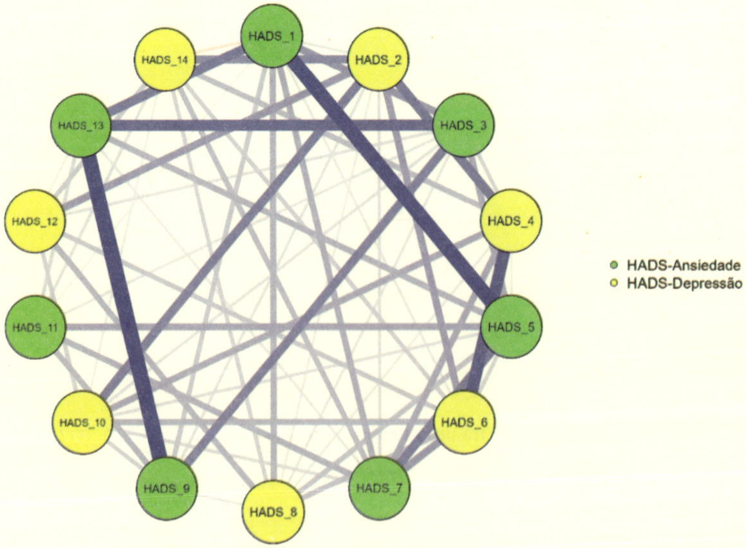

Na mesma aba, na opção "*Show Variable Names*", se selecionarmos a opção "*In legend*" (Figura 21), iremos obter a representação da rede como mostrada na Figura 22, com a discriminação dos itens na legenda.

Figura 21 – Configuração dos nomes das variáveis da rede

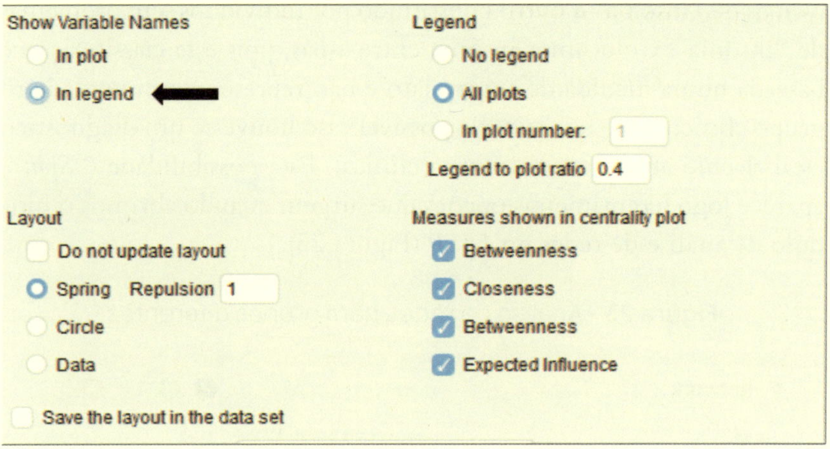

Figura 22 – Apresentação da rede com a discriminação dos itens na legenda

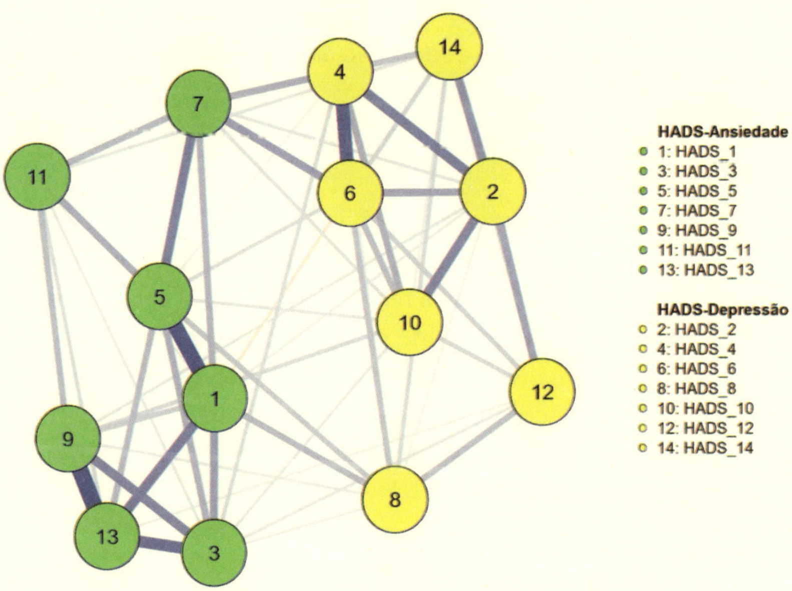

Por fim, gostaríamos de salientar uma possibilidade que o *JASP* também permite realizar: estudar a composição de redes para grupos independentes. No nosso exemplo, iremos investigar a organização da rede e medidas de centralidade referentes aos itens da HADS, considerando dois grupos: um grupo constituído por indivíduos com problemas de "insônia" e outro constituído por indivíduos sem problemas de "insônia". Colocamos insônia entre aspas, pois esta classificação é baseada numa medida de autorrelato e não representa um verdadeiro grupo clínico (algo que só seria possível caso houvesse um diagnóstico estabelecido através de entrevista clínica). Esta possibilidade ("*Split*") aparece logo nas primeiras opções que surgem quando abrimos o módulo de análise de redes no *JASP* (Figura 23).

Figura 23 - Análise de redes para grupos diferentes

Para ilustrar as saídas desta opção de análise, apresentamos, na Figura 24, os respetivos gráficos de rede e, na Figura 25, a representação gráfica das medidas de centralidade para ambos os grupos.

De referir que análises inferenciais como testes de invariância das redes, nomeadamente, comparações entre arestas ou força da conectividade entre grupos (*invariant global strength*) não é possível realizar, até ao momento, com o *JASP*.

Figura 24 - Gráficos de redes para diferentes grupos

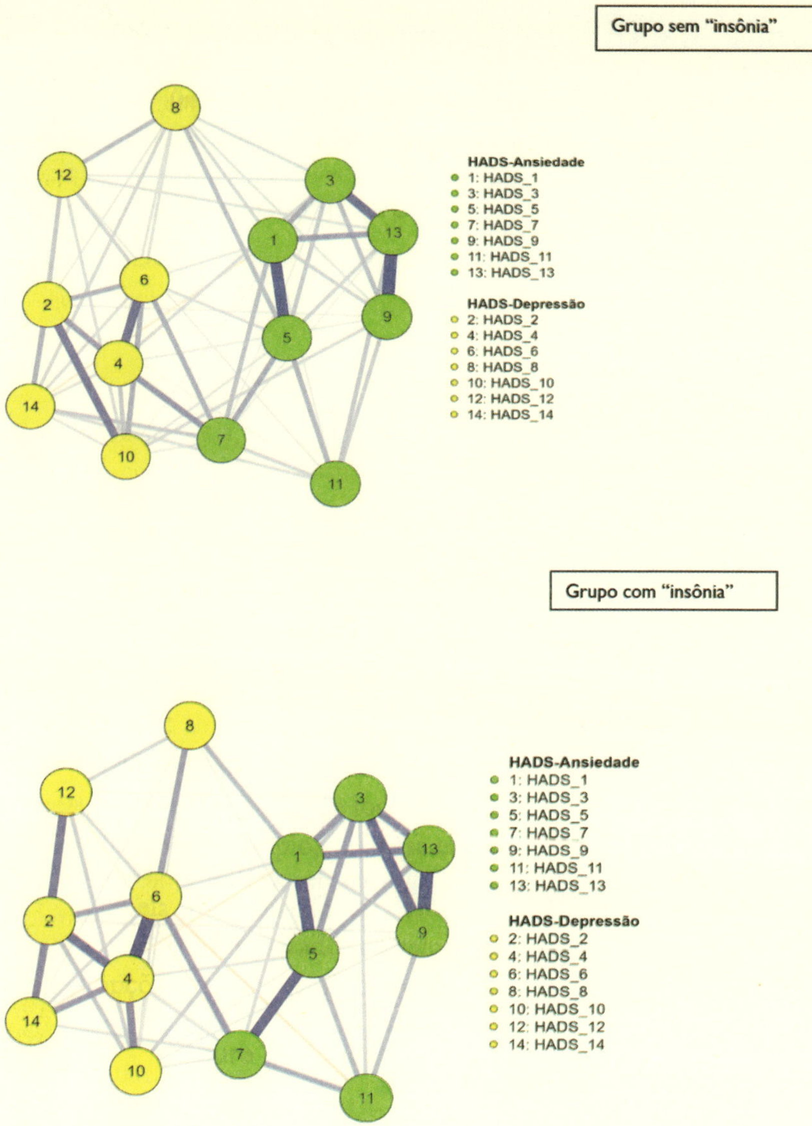

Figura 25 - Gráficos de medidas de centralidade para grupos (0 = indivíduos sem "insônia" e 1 = indivíduos com "insônia")

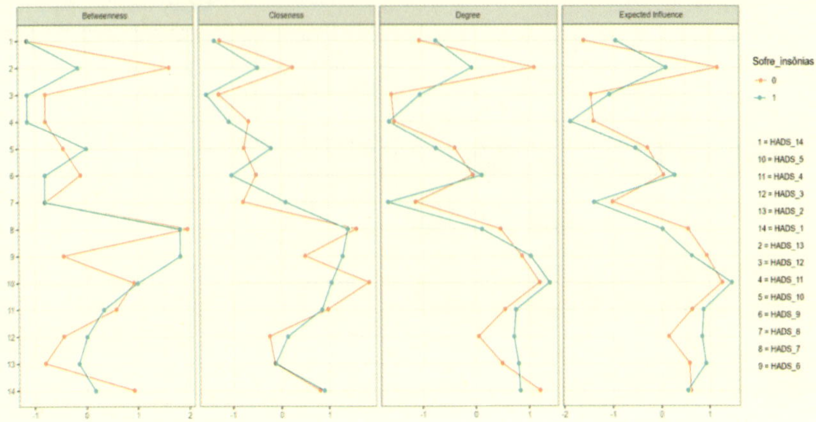

O que o *JASP* (ainda!) não faz

O *JASP* é um programa que permite realizar análises complexas e atuais por intermédio de um ambiente amigável, bastante semelhante a programas como o *IBM SPSS Statistics*. A possibilidade de efetuar análise de redes sem recurso a programação torna o *JASP* uma ferramenta valiosa e muito útil. Não devemos esquecer que esse *software* é baseado na linguagem de programação do *R* e que, muito provavelmente, como já anteriormente mencionamos, algumas das análises que o *JASP* não permite executar no momento, poderão, em breve, ser implementadas (Ruiz-Ruano & Puga, 2016).

Se o objetivo do pesquisador for realizar análise de redes simples, o *JASP* pode ser a solução ideal. Se o objetivo do pesquisador for realizar análise de redes mais aprofundadas e avançadas, então o recurso ao *R* é essencial. De referir que análises de redes mais sofisticadas, tais como redes *bayesianas (Directed Acyclic Graph – DAG)*, análises longitudinais, testes inferenciais sobre comparação de redes e previsibilidade da rede (*network predictability*), não são possíveis de executar até ao momento com o *JASP*.

Existem diversos pacotes (*packages*) do *R* que são dedicados à análise de redes, como o "*bootnet*", o "*psychonetrics*", o "*qgraph*", o

"*NetworkComparisonTest*", entre outros (Mair, 2021). Para uma visão pormenorizada sobre este assunto, o leitor deverá consultar o capítulo 6 do presente livro. Mesmo no ambiente do *R*, torna-se necessário utilizar diversos pacotes para realizar análises distintas (R Core Team, 2020).

Conclusão

A AR é uma abordagem de análise de dados que tem tido uma ampla aplicação em vários domínios da psicologia (Cruz et al., 2021). A psicometria e a avaliação psicológica têm sido testemunhas desse crescimento sobretudo no desenvolvimento e adaptação de instrumentos de avaliação psicológica.

O módulo de AR do *JASP*, em constante desenvolvimento, permite realizar as análises mais básicas. No entanto, existem procedimentos mais sofisticados que o *software* não executa. Para tal, torna-se mesmo imprescindível utilizar o *R*.

Neste capítulo, vimos como utilizar o *software JASP* para fazer análise de redes através da exemplificação passo a passo, em formato tutorial, recorrendo a um exemplo prático aplicado à área da avaliação psicológica. A AR pode assim funcionar como um complemento importante a outros paradigmas da psicometria (Dias & Marques, 2021).

Para o usuário comum, com pouca ou nenhuma experiência em programação, o *JASP* permite efetuar um conjunto de análises básicas / fundamentais de maneira muito satisfatória. Nesta linha, estudantes de graduação e mestrado em Psicologia poderão familiarizar-se de forma prática com a análise de redes a partir da utilização do *JASP*. Desse modo, este programa pode constituir a "porta de entrada" na abordagem de redes e suscitar o interesse do pesquisador em análises mais profundas e, como tal, incitar o seu interesse pela linguagem de programação *R*.

Referências

American Educational Research Association, American Psychological Association, American Council on Measurement in Education (2014).

Standards for educational and psychological testing (2nd ed.). American Educational Research Association.

Borsboom, D. (2017). A network theory of mental disorders. *World Psychiatry, 16*(1), 5-13. https://doi.org/10.1002/wps.20375

Borsboom, D., & Cramer, A. (2013). Network analysis: An integrative approach to the structure of psychopathology. *Annual Review of Clinical Psychology, 9*(1), 91-121. https://doi.org/10.1146/annurev--clinpsy-050212-185608

Borsboom, D., et al. (2021). Network analysis of multivariate data in psychological science. *Nature Reviews Methods Primers, 58*. https://doi.org/10.1038/s43586-021-00055-w

Burger, J., Isvoranu, A., Lunansky, G., Haslbeck, J. M. B., Epskamp, S., Hoekstra, R. H. A., Blanken, T. (2020, November 28). *Reporting standards for psychological network analyses in cross-sectional data*. https://doi.org/10.31234/osf.io/4y9nz

Costantini, G., & Perugini, M. (2016). Network analysis: A new way to think about personality. In U. Kumar (Ed.), *The Wiley handbook of personality assessment*, (pp. 74-89). Wiley, Blackwell.

Cruz, R., Reis, A., & Carlotto, P. (2021). Psicometria em rede: Cérebro, comportamento e computadores. In G. Bandeira & P. Freitas (Orgs.). *Psicologia: Reflexões, métodos e processos integrados em sociedade* (Vol. 1) (pp. 152-168). Publicar Editora.

Dias, S. F., Gomes, A., Espie, C. & Marques, D. (2021). *Analysis of the Glasgow Sleep Effort Scale (GSES) psychometric properties through classical test theory, item response theory and network approaches*. Manuscript submitted for publication.

Dias, S. F., & Marques, D. (2021). "Life" beyond classical test theory: Some considerations on using complementary psychometric approaches in sleep medicine [Editorial]. *Sleep Medicine, 79*, 225-226. https://doi.org/10.1016/j.sleep.2020.11.012

Efron, B. (1979). Bootstrap methods: Another look at the jackknife. *The Annals of Statistics*, 7(1), 1-26. http://www.jstor.org/stable/2958830

Epskamp, S., Borsboom, D., & Fried, E. (2018). Estimating psychological networks and their accuracy: A tutorial paper. *Behavior Research Methods, 50*, 195-212. https://doi.org/10.3758/s13428-017-0862-1

Field, A. (2018). *Discovering statistics using IBM SPSS Statistics* (5th ed.). Sage.

Fruchterman, T. M., & Reingold, E. M. (1991). Graph drawing by force-directed placement. *Software: Practice and Experience, 21*(11), 1129-1164. https://doi.org/10.1002/spe.4380211102

Hevey, D. (2018). Network analysis: A brief overview and tutorial. *Health Psychology and Behavioral Medicine, 6*(1), 301-328. https://doi.org/10.1080/21642850.2018.1521283

JASP Team (2021). JASP (Version) [Computer software].

Leme, D., Alves, E., Lemos, V., & Fattori, A. (2021). Análise de redes: Uma abordagem de estatística multivariada para pesquisas em ciências da saúde. *Geriatrics, Gerontology and Aging, 14*, 43-51. https://doi.org/10.5327/Z2447-212320201900073

Love, J., Selker, R., Marsman, M., Jamil, T., Dropmann, D., Verhagen, J., Ly, A., Gronau, Q. F., Šmíra, M., Epskamp, S., Matzke, D., Wild, A., Knight, P., Rouder, J. N., Morey, R. D., & Wagenmakers, E.-J. (2019). JASP: Graphical Statistical Software for Common Statistical Designs. *Journal of Statistical Software, 88*(2), 1-17. https://doi.org/10.18637/jss.v088.i02

Machado, W., Vissoci, J., & Epskamp, S. (2015). Análise de rede aplicada à psicometria e à avaliação psicológica. In C. Hutz, D. Bandeira, & C. Trentini (Eds.), *Psicometria*, (pp. 125-146). Artmed.

Mair P. *CRAN task view:* psychometric models and methods, 2021. https://cran.r-project.org/web/views/Psychometrics.html.

Marques, D., & Azevedo, M. H. (2018). Potentialities of network analysis for sleep medicine [Editorial]. *Journal of Psychosomatic Research, 111*, 89-90. https://doi.org/10.1016/j.jpsychores.2018.05.019

Marques, D., Gomes, A., Clemente, V., & Azevedo, M. H. (2020). Sleepiness perception and insomnia identity: A network approach. In O. Ratté (Ed.), *New research on sleep and sleep disorders,* (pp. 63-83), Nova Science Publishers, Inc.

McNally, R. (2016). Can network analysis transform psychopathology? *Behaviour Research and Therapy, 86*, 95-104. https://doi.org/10.1016/j.brat.2016.06.006

Nuijten, M., Deserno, M., Cramer, A., & Borsboom, D. (2016). Mental disorders as complex networks: An introduction and overview of a network approach to psychopathology. *Clinical Neuropsychiatry, 13*(4/5), 68-76. https://pure.uvt.nl/ws/portalfiles/portal/13532002/ Nuijtenetal _Networks_published.pdf

Pais-Ribeiro, J., Silva, I., Ferreira, T., Martins, A., Meneses, R., & Baltar, M. (2007). Validation study of a Portuguese version of the Hospital Anxiety and Depression Scale. *Psychology, Health & Medicine, 12*(2), 225-235. https://doi.org/10.1080/13548500500524088

R Core Team (2020). *R: A language and environment for statistical computing.* Vienna, Austria.

Robinaugh, D., Hoekstra, R., Toner, E., & Borsboom, D. (2020). The network approach to psychopathology: A review of the literature 2008-2018 and an agenda for future research. *Psychological Medicine, 50*(3), 353-366. https://doi.org/10.1017/S0033291719003404

Ruiz-Ruano, A., & Puga, J. (2016). R as the environment for data analysis in psychological evaluation. *Papeles del Psicólogo, 37*(1), 74-79. https://www.psychologistpapers.net/English/2665.pdf

Silva, J., Vieira, P., Gomes, A., Roth, T., Azevedo, M. H., & Marques, D. (2021). Sleep difficulties and use of prescription and non-prescription sleep aids in Portuguese Higher Education students. *Sleep Epidemiology.* https://doi.org/10.1016/j.sleepe.2021.100012

van den Heuvel, M., & Pol, H. (2010). Exploring the brain network: A review on resting-state fMRI functional connectivity. *European Neuropsychopharmacology, 20*(8), 519-534. https://doi.org/10.1016/j.euroneuro.2010.03.008

Zigmond, A. S., & Snaith, R. P. (1983). The hospital anxiety and depression scale. *Acta Psychiatrica Scandinavica, 67*(6), 361-370. https://doi.org/10.1111/j.1600-0447.1983.tb09716.x

Zyl, C. (2021). A network analysis of the General Health Questionnaire. *Journal of Health Psychology, 26*(2), 249-259. https://doi.org/10.1177/1359105318810113

Breve introdução à linguagem R

Alessandro Vieira dos Reis

Objetivos

- Conhecer o R como abordagem ao tratamento de dados.
    - Funcionamento do R
    - Instalar o R
    - Instalar o RStudio
    - Rotinas no R
    - Funções
    - Pacotes
- Atitude de programador: google, criatividade e entusiasmo mais do que raciocínio frio.
- Exercícios de R para Psicometria.

Introdução

Para um estudo prático mais aprofundado em Análise de Redes, a linguagem R de programação é inescapável. Isso porque a maior parte da pesquisa no campo gerou ferramentas disponibilizadas gratuitamente nessa linguagem de programação. Portanto, é possível declarar que estudantes e profissionais de Psicologia interessados em Psicometria já têm a necessidade de aprender programação de computadores (Reis, 2021). Diante disso, alguma competência em R é requisito necessário[2] para dominar não apenas a Análise de Redes, mas também outras áreas da Psicometria e da pesquisa quantitativa em geral.

Este capítulo especial foi pensado para ajudar o leitor sem conhecimento de R a cumprir esse requisito, preparando-o para o capítulo 7, que aborda os diversos pacotes de R disponíveis para Análise de Redes. Para cumprir esse objetivo, o capítulo foi estruturado da seguinte forma: começa com a história e importância do R na comunidade científica internacional; e segue para um tutorial envolvendo instalação, codificação e lógica das funções e pacotes da linguagem, com alguns exemplos práticos.

Este capítulo limita-se a ser uma preparação para o que trata de R para Análise de Redes. Se o leitor já possuir repertório na linguagem, pode se sentir confortável em pular este capítulo.

1. Origem da linguagem R

A linguagem R foi desenvolvida em 1991, pelo departamento de Estatística da Universidade de Auckland, Nova Zelândia (The R Foundation, 2019). Consiste em um empreendimento dedicado a criar ferramentas de análise quantitativa de dados que gerou uma comunidade mundial pautada na filosofia *Open Science*, segundo a qual o conhecimento científico deve ser gratuitamente disponibilizado na internet (Kathawalla, et al., 2021). Tal comunidade é formada por pesquisadores das mais variadas áreas, envolvendo análise de dados quantitativos, incluindo psicometristas (Neth, 2022).

2. Instalações iniciais

A linguagem R pode ser adquirida livremente no portal *Comprehensive R Archive Network* (The R Project, 2019). Após a instalação, o R acionará um ambiente de aspecto semelhante ao da Figura 1:

[2] Uma exceção é o JASP, que realiza algumas operações de Análise de Redes através de interfaces gráficas, sem a necessidade de linhas de código (ver Capítulo 5 deste livro). Mas o número dessas operações no JASP é escasso, e ainda assim esse *software* é apenas uma interface gráfica que usa R nos bastidores.

Figura 1 - R instalado e em execução.

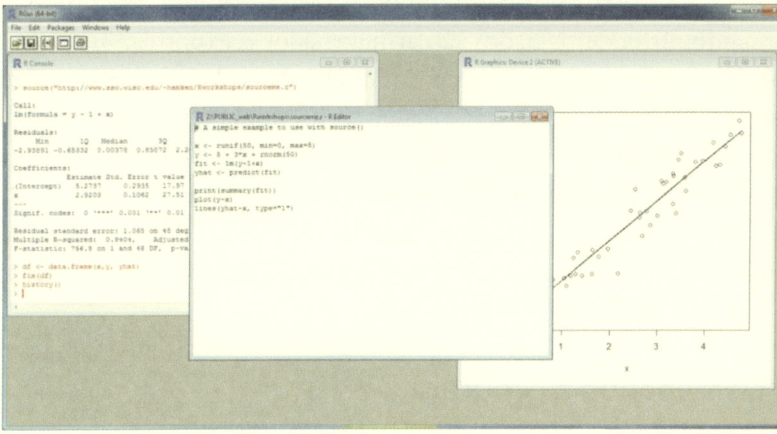

Recomenda-se, também, a instalação do RStudio, recurso igualmente gratuito voltado para facilitar o uso do R em termos de interfaces. O RStudio[3] consiste em uma IDE[4], que pode ser baixada livremente (RStudio, 2019). A partir da instalação do RStudio, ele se torna a plataforma de uso da linguagem. Uma das vantagens do RStudio é possibilidade de configurar a interface do ambiente, organizando o *layout,* conforme mostra a Figura 2:

Figura 2 - RStudio.

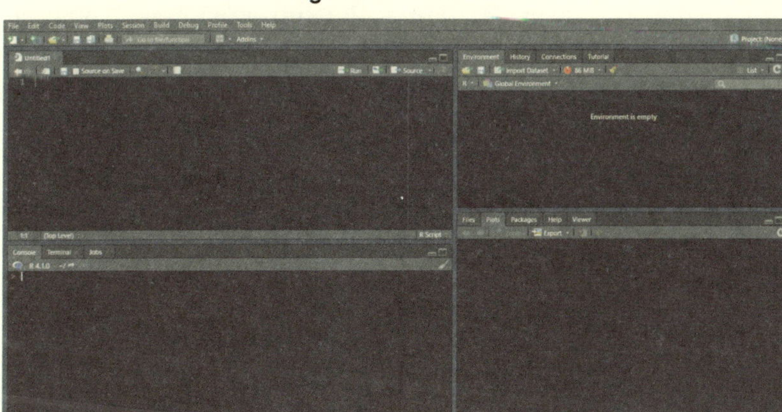

[3] Em novembro de 2022 o RStudio mudou oficialmente de nome para Posit.

[4] Sigla de *integrated development environment*, ou "ambiente integrado de desenvolvimento".

Na Figura 2, da esquerda para a direita e de cima para baixo, observam-se quatro áreas: 1) onde o usuário digita os códigos de comando; 2) onde os dados são armazenados e expostos; 3) a área de trabalho, que expõe a execução dos comandos e 4) a área onde os gráficos e outros resultados são apresentados. Note que é possível alterar essa configuração, bem como temas do RStudio (esquema de cores, tipografia etc.); e que essa IDE possui diversas outras vantagens, no que diz respeito a facilitar a programação, como recursos de autocompletamento de código, dicionários, sistemas de ajuda, dentre outros.

3. Começando a programar

Antes de estudar Lógica, Algoritmos e Estruturas de Dados, a atitude correta é a primeira coisa a se adquirir para a jornada no mundo da programação (Reis, 2021). Passaremos a tratá-la como "atitude de programador", que envolve pensar analiticamente, como um resolvedor de problemas, bem como uma boa dose de criatividade para inventar suas próprias soluções. Faz parte dessa atitude também um genuíno entusiasmo em continuamente aprender coisas novas (o que envolve tolerância à frustração nos momentos de estagnação desse aprendizado), sendo boa parte desse aprendizado via buscas constantes na internet por segredos e técnicas de código. Por fim, uma grande atenção a detalhes é exigida: ler com atenção toda documentação encontrada e escrever código com mais atenção ainda, pois muitas vezes problemas de sintaxe da linguagem, como uma mera vírgula fora do lugar, põem a perder todo um trabalho.

A melhor maneira de desenvolver essa "atitude de programador" é se expondo a problemas de programação, o que implica estudar Algoritmos e Estrutura de Dados com um abundante número de exercícios. Há diversos vídeos e mesmo cursos completos gratuitos sobre esses tópicos na internet. *Grosso modo*, esses saberes o ajudarão a criar instruções adequadas para que o computador, lidando com dados estruturados de determinada forma, resolva um problema passo a passo, de modo a obter a solução que você busca.

Se você é um total novato em programação, recomendo que pare a leitura deste capítulo aqui e faça alguns cursos *on-line* de Algoritmos e Estruturas de Dados antes de prosseguir, visto que não é possível aprender todos esses tópicos em um capítulo introdutório como este.

4. Funções e pacotes

Em R, entende-se como funções comandos padronizados para realizar determinados objetivos (Fanara, 2019). Por exemplo, a função *plot* cria gráficos e a função *grid* adiciona quadrantes. Unindo-as no código

plot(1:10)
grid(2, 2)

Temos como resultados:

Figura 3 - Gráfico com quadrantes.

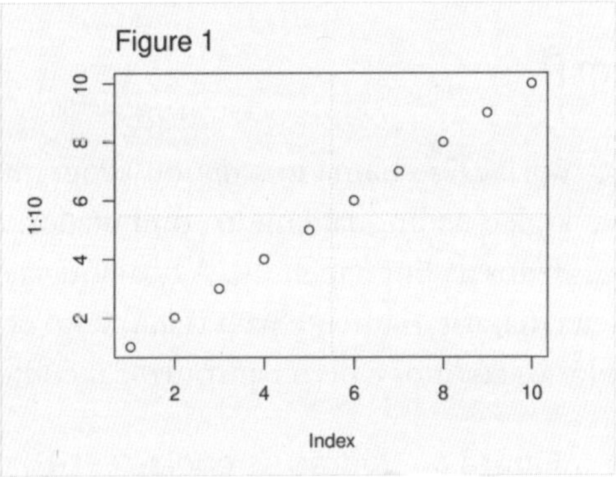

Nota: adaptado de Schork (2021).

A linguagem R possui uma vasta lista de funções. Você não precisa conhecer todas de cor. Precisa apenas saber o que e onde procurar. Por exemplo, você pode checar listas de todas as funções básicas do R, que são aquelas que já vêm na instalação (Statistics Globe, 2021). O usuário de R também pode criar funções, caso seja oportuno para seu código. Mas esse é um tópico para além do escopo deste capítulo.

Para acionar outras funções além das básicas, existe o recurso dos pacotes (no original, *packages*), que são coleções de funções especializadas que precisam ser instaladas e acionadas quando forem empregadas em determinado código. Você pode conferir uma lista de todos os pacotes existentes no CRAN (The CRAN Project, 2022), que por sua extensão de centenas de itens deixa claro como todo tipo de problema em análise quantitativa de dados já foi tratado na comunidade de entusiastas de R. Dentre os pacotes mais utilizados, destacam-se: DPLYR (para limpeza e anipulação de dados); TIDYR (com funções destinadas a arrumar bases de dados); GGPLOT2 (visualização de resultados) e PURR (contém funções relacionadas a listas e vetores). Destaca-se ainda o RMarkdown (uma solução inteligente para documentação que não pode fazer pesquisas acadêmicas envolvendo R).

Há diversos pacotes feitos para tratar problemas específicos de Psicometria, que foram catalogados por Mair (2021), atendendo aos mais variados procedimentos: Teoria de Resposta ao Item, Análise Fatorial Exploratória e Confirmatória, Modelagem de Equações Estruturais, dentre outras análises (incluindo a análise de redes, claro).

5. Código em R

O código, por vezes chamado *script* ou programa, é a expressão de um algoritmo lógico na linguagem do computador. Aqui trataremos apenas de códigos feitos na linguagem R. A boa notícia é que, como essa linguagem foi feita majoritariamente para tratamento de dados[5], a estrutura geral de todos os códigos é bem padronizada, conforme a Figura 4:

Figura 4 – Padrão do código em R.

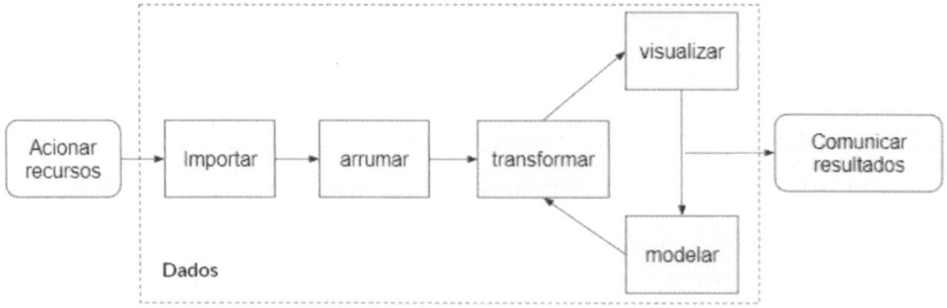

[5] Há formas de uso do R para criar instrumentos de coleta de dados, como através do pacote *Shiny*. Mas esse é um tópico avançado que foge do escopo deste capítulo.

Temos, na Figura 4, o seguinte passo a passo:

1. Acionar recursos: diz respeito a recursos do R, como pacotes (que são explicados na seção seguinte);
2. Importar dados: abrir a base de dados que será analisada;
3. Arrumar os dados: higienização, organização e tratamentos iniciais;
4. Ciclo de transformação, visualização e modelagem, onde os dados são tratados propriamente, os resultados preliminares são checados, em geral com técnicas de visualização, e modelos analíticos são empregados para checar a necessidade de novas transformações;

Comunicação dos resultados, que pode se dar pela descrição numérica, por gráficos, ou por recursos mais avançados, como o MarkDown do RStudio (R Markdown, 2020), que possibilita a criação de um documento interativo.

Eis alguns exemplos de códigos em R.

Tabela 1 – Exemplo de códigos no R

Passo	Código	Descrição
Acionar recursos	install.package(psych) library(psych)	Instala o pacote psych (neste caso, não estava instalado ainda). Em seguida, aciona-o para que suas funções sejam usadas.
Importar dados	dados <- read.csv(file.choose())	
Organizar dados		Neste exemplo, não houve linhas de código para organizar os dados.
Ciclo de transformar, visualizar e modelar dados	fit <- princomp(dados, cor=TRUE) summary(fit) loadings(fit)	Realiza a transformação da base de dados em componentes principais. Em seguida, expõe: a variância e as cargas fatoriais.
Comunicar os resultados	plot(fit,type="lines") fit$scores	Visualização dos resultados no formato "scree plot". Em seguida, expõe os componentes principais da base de dados.

Vale a pena destacar duas formas de notação úteis para uma boa comunicação do código. A primeira são os comentários ao longo do código feitos com o caracter #, linhas de comentários que não são processados e servem para segmentar partes do programa, dentre outras utilidades. Outro recurso, mais sofisticado que os comentários com #, é o de markdown (https://rmarkdown.rstudio.com/), que permite transformar todo programa em um documento interativo de alta qualidade gráfica. Os comentários # e o markdown consistem em ótimas maneiras de garantir uma boa comunicação entre pesquisadores, bem como organização do código propriamente dito.

Considerações finais

O propósito deste capítulo era orientar os leigos em R a respeito de como iniciarem seus estudos desta fascinante linguagem voltada para a pesquisa quantitativa. Sugiro que releia o capítulo, já com o R e RStudio em seu computador, explorando os exemplos e exercícios fornecidos na seção 5. Com algum estudo você estará apto a fazer bom uso do capítulo a seguir, que detalha os pacotes de R feitos especialmente para Análise de Redes. E bem-vindo ou bem-vinda à comunidade R!

Referências

Fanara, C. (2019). *A Tutorial on Using Functions in R! (and their scoping).* DataCamp Community. https://www.datacamp.com/community/tutorials/ functions-in-r-a-tutorial

Kathawalla, U.-K., Silverstein, P., & Syed, M. (2021). Easing Into Open Science: A Guide for Graduate Students and Their Advisors. *Collabra: Psychology*, 7(1). https://doi.org/10.1525/collabra.18684

Mair, P. (2021). CRAN Task View: Psychometric Models and Methods. *Cran.r-Project.org.* https://cran.r-project.org/web/views/Psychometrics.html

Neth, H. (2022). Data Science for Psychologists. In *bookdown.org.* https://bookdown.org/hneth/ds4psy/

Reis, A. (2021). Análise de dados em Psicologia: Um roteiro para aprendizagem de R e Python. In *Abordagens em Psicologia – Saúde Mental e*

Cotidiana (pp. 32-47). Uniesmero. https://drive.google.com/file/d/1cYl-gkbzU8j1c0BeR6UMQ c5Drngwc52it/view

R Markdown. (2020). *R Markdown*. Rmarkdown.rstudio.com. https://rmarkdown.rstudio.com/

RStudio. (2019). *Download RStudio – RStudio*. RStudio. https://www.rstudio.com/products/rstudio/download/

Schork, J. (2021). *grid() Function in R (3 Examples) | How to Add Grid Lines to Base R Plot*. Statistics Globe. https://statisticsglobe.com/grid-function-r

Statistics Globe. (2021). *R Functions List (+ Examples) | All Basic Commands of R Programming*. Statistics Globe. https://statisticsglobe.com/r-functions-list/

The R Foundation. (2019). *R: The R Project for Statistical Computing*. R-Project.org. https://www.r-project.org/

The R Project (2019). *The Comprehensive R Archive Network*. R-Project.org. https://cran.r-project.org/

The CRAN Project (2022). *CRAN Packages By Name*. R-Project.org. https://cran.r-project.org/web/packages/available_packages_by_name.html

R para análise de redes

Alessandro Vieira dos Reis

Objetivos

- Como usar o R para análises de redes.
- Mapeamento de todos os pacotes de R usados para análise de redes: em que ordem aprender.
- Tutorial de como usar R para as principais funções, com código e exemplos hands-on.

Introdução

A programação de computadores para análise de dados já consta como requisito básico para o repertório de psicometristas (Reis, 2021a). Duas linguagens de programação destacam-se nesse contexto: R e Python (Zhang, 2021). Falaremos agora da linguagem R, já apresentada no capítulo anterior.

A linguagem R oferece um vasto ferramental para Psicometria, entendida aqui como uma aplicação da teoria da medida na Psicologia que envolve a mensuração de fenômenos psicológicos para fins práticos, analíticos e teóricos (Borsboom, 2005). E como parte desse ferramental constam pacotes de R dedicados à Análise de Redes, abordagem tornada possível pela junção de Mecânica Estatística (ver capítulo 4 deste livro) e o uso de linguagens de programação por psicólogos, e que vem ganhando tração desde a segunda metade da década de 2010. A Análise de Redes pode ser entendida como uma alternativa ao modelo de variáveis latentes, baseada na visão segundo a qual o fenômeno psicológico é uma propriedade emergente de redes de variáveis observáveis (Kan et al., 2020).

Para o tratamento de dados em Análise de Redes, psicometristas precisam contar com habilidades de programação em R, linguagem em que a maior parte dos recursos da abordagem foram disponibilizados gratuitamente pelos pioneiros da área. Diante de tal necessidade, este capítulo tem por objetivo apresentar um panorama desses pacotes de R desenvolvidos para Análise de Redes, com exemplos extraídos de pesquisas. Com isso, pretende-se facilitar o aprendizado no que diz respeito à programação em R, para que assim se mantenham atualizados com inovações tecnológicas em Psicometria.

Para o objetivo deste capítulo, foi realizada uma pesquisa documental sobre pacotes de R disponíveis no site oficial da linguagem, seguida de uma pesquisa bibliográfica para identificar artigos acadêmicos que usam esses pacotes. Foram identificados 20 pacotes, agrupados pelo autor em 5 categorias. As principais funções desses 20 pacotes são expostas, exemplificadas a partir de pesquisas que fizeram uso destes.

O objetivo deste capítulo não é detalhar o funcionamento de todas as funções dos pacotes de R relacionados à Análise de Redes. Tal empreendimento consistiria em um longo curso ou um livro completo. O escopo deste capítulo limita-se, portanto, a oferecer uma visão panorâmica para introduzir o uso de R para Análise de Redes. Visão essa que, para ser aproveitada, demanda-se que o leitor possua algum grau de domínio da linguagem R (ver capítulo 5), bem como noções de Mecânica Estatística (ver capítulo 4).

1. Pacotes de R para Análise de Redes

Pacotes de R são grupos de funções da linguagem que podem ser instaladas e usadas livremente, tendo sido disponibilizados gratuitamente no *Comprehensive R Archive Network* (CRAN) por seus autores. Pesquisadores de Análise de Rede vêm disponibilizando os pacotes de

R que criaram em seus projetos, o que vem sendo uma das principais vias de propagação da Análise de Redes dentre usuários de R. Constam como exemplos: o brasileiro Hudson Golino, pesquisador na Universidade da Virgínia, EUA, autor do pacote EGANet, voltado para Análise Gráfica Exploratória (Reis, 2021b); e Sacha Epskamp, pesquisador da Universidade de Amsterdã, autor do pacote Psychonetrics, voltado à Modelagem de Equações Estruturais combinada com Análise de Redes (Reis & Epskamp, 2022).

A maior parte da prática em Análise de Redes se dá via R, visto que poucos *softwares* oferecem recursos dessa abordagem. Uma exceção é o JASP, tema do capítulo 5 deste livro, que consiste na verdade de uma IDE desenvolvida para facilitar análises estatísticas com interfaces gráficas, e que faz uso do R em seus bastidores. Portanto, realizar pesquisas e aplicações em Análise de Redes, geralmente, exige habilidades em R e conhecimento dos pacotes apresentados neste capítulo.

2. Procedimentos metodológicos

A pesquisa empreendida teve uma abordagem qualitativa, estando mais interessada na interpretação de fenômenos, isto é, "[...] tende a colocar questões utilizando 'o quê', 'como' e 'porquê' " (Pinto, Campos & Siqueira, 2018, p. 30). Quanto ao objetivo, a pesquisa foi descritiva-explicativa, pois limitou-se a estabelecer o fenômeno estudado em suas principais características, de modo a proporcionar uma elucidação de conceitos (Marconi & Lakatos, 2017). Trata-se ainda de uma pesquisa aplicada, uma vez que pretende funcionar como tutorial imediatamente empregado para práticas com R envolvendo análise de redes (Gil, 2009). Quanto aos procedimentos adotados, foram dois: uma pesquisa documental sobre os pacotes de R aplicáveis para Análise de Redes; e uma pesquisa bibliográfica por pesquisas publicadas que tenham feito uso desses pacotes. Segundo Marconi e Lakatos (2017), o primeiro procedimento consiste na busca de documentos de fonte primária e de naturezas variadas, incluindo neste caso documentações técnicas da linguagem R disponíveis no CRAN; e o segundo foca publicações acadêmicas, tais como artigos em periódicos científicos.

3. Resultados e discussão

A pesquisa documental revelou uma lista de pacotes voltados para Psicometria, atualizada continuamente e disponível no CRAN (Mair, 2021). Nessa lista encontra-se uma categoria dedicada à Análise de Redes, contendo 20 pacotes. A seguir são apresentados os 20 pacotes identificados.

3.1 Descrição e visualização de redes

Qgraph – Visualização e análise de rede ponderada, bem como geração de gráficos de modelo gaussiano, que promove tanto a análise quanto a visualização de redes ponderadas, isto é, com pesos nos vértices; gerando gráficos de modelo gaussiano, onde todas as variáveis são dispostas em um círculo e as relações entre elas são expressas como linhas.

- *Igraph*: Trata-se de uma coleção de funções para a criação de gráficos e análises de rede a partir de diversos métodos. O pacote foi originalmente pensado para diversas aplicações em estatística relacionando redes, sendo muito empregado para estudos epidemiológicos. Confira o livro de Csárdi, Nepusz e Airoldi (2016), disponível on-line, a respeito.

3.2 Estimação de redes com dados transversais

- *IsingFit* – Combina o algoritmo de seleção de variáveis *eLasso* (Brusco et al., 2019) com o *EBIC*, que identifica relações relevantes entre variáveis (Orzechowski et al., 2018) para gerar redes a partir de dados binários. O pacote gera redes mais livres de relações espúrias, isto é, com vértices mais significativos entre seus nodos. Breuer et al. (2020) fizeram uso do *IsingFit* para analisar uma base de dados sobre pacientes psiquiátricos adultos relacionando eventos traumáticos na infância com seus sintomas atuais. A análise das redes psicológicas resultantes indicou que negligência e violência contra a mãe é a experiência traumática que mais afeta a rede como um todo, contudo o abuso sexual é a variável mais determinante para psicopatologias de longo prazo.

- *HUGE* – Fornece um *framework* para estimação de gráficos com dados multidimensionais. O pacote é apresentado por Zhao et al. (2012) e comparado a outros mais recentes por Zhang et al. (2018) destinados ao mesmo fim;
- *MGM* – Permite unir dados contínuos, categóricos e binários em uma mesma análise, bem como levar em conta a variação temporal nesses dados. O *MGM* é descrito neste artigo-tutorial de Halsbeck e Waldorp (2020), no qual os autores citam como exemplo os dados de um prontuário médico, com variáveis como gênero (categórico), idade (contínuo), frequência de comportamentos (contagem), eventos ocorridos (categórico) e dose de remédio (contínuo), levando ainda em conta diversas coletas desses dados ao longo do tempo, formando um histórico.
- ***elasticIsing*** **–** Estima valores misturando a regularização *"least absolute shrinkage and selection operator"* (LASSO) com regressão ao cume, e realiza essa operação com validação cruzada (reamostragem para avaliar modelos de Machine Learning com amostras limitadas). Segundo Epskamp, Kruis e Marsmann (2017), a estimação oferecida pelo pacote *elasticIsing* permite melhor refletir sobre as relações em redes psicológicas de sintomas;
- ***EstimateGroupNetwork*** **–** Estima simultaneamente redes de diferentes grupos ou classes usando *Joint Graphical Lasso.* Kangaslampi, Golden e Peltonen (2021) fizeram uso do pacote *EstimateGroupNetwork*, com base em diversas amostras similares, para investigar os sintomas de estresse pós-traumático em refugiados no Quênia;
- *GLASSO* **–** Estima uma matriz de variância inversa usando o já citado algoritmo LASSO e usa um parâmetro de ajuste que controla a dispersão do modelo por meio de *"Extended Bayesian information criteria"* (EBIC). Weintraub, Schneck e Miklowitz (2019) usaram o pacote *GLASSO* para reduzir erros Tipo I em sua pesquisa sobre sintomas de transtornos de humor entre adolescentes;

- *BGGM* – Ajusta modelos bayesianos de gráficos gaussianos em duas abordagens: teste de hipótese e estimação. O pacote tem seu funcionamento explicado por Williams e Mulder (2020). Williams (2021) aplicou o *BGGM* para introduzir métodos bayesianos de análise na Psicologia da tomada de decisões;
- *GGMnonreg* – Estima modelos gráficos gaussianos não regularizados, modelos Ising e modelos gráficos mistos. Williams et al. (2019) empregaram o pacote para tratar dados por métodos não regularizados, o que demonstrou ser mais eficiente para reduzir falsos positivos em testes psicológicos.

3.3 Estimação de redes com dados longitudinais

- *MGM* - Estimação de redes a partir de dados multidimensionais, com diferentes tipos de dados, unindo modelos gráficos mistos com dados variantes no tempo. Liu et al. (2021) fizeram uso do pacote *MGM* para combinar dados de variáveis contínua e binários em um mesmo modelo gráfico a respeito do histórico de hospitalização de pessoas com covid-19;
- *MlVAR* – A partir de dados de séries temporais, estima modelos multinível de vetor de autoregressão, o que gera três estruturas de rede: redes temporais, redes contemporâneas e redes entressujeitos. Epskamp et al. (2016) demonstraram com simulações que o pacote é capaz de gerar resultados robustos no que diz respeito a redes temporais, redes contemporâneas e redes entressujeitos;
- *GraphicalVAR* - Combina modelo de autorregressão vetorial e regularização para estimar interações entre pontos no tempo e em pontos no tempo em uma dada amostra. Um exemplo de uso do *GraphicallVAR* é exposto em Epskamp et al. (2018);
- *Gimme* - Permite criar modelos específicos para cada participante da amostra em uma série temporal. O pacote Gimme realiza isso primeiro identificando relações que se repetem na maioria dos indivíduos, estabelecendo assim o que é "ruído coletivo" e o que é "sinal individual". O pacote Gimme

foi empregado por Gates e Molenaar (2012), para analisar exames de ressonância magnética funcional no contexto da Neuropsicologia;

- **sparseTSCGM** - Computa coeficientes regressivos de vetores esparsos e matrizes de precisão para modelos de cadeia gráfica. O pacote foi usado por Suotsalo et al. (2021) na pesquisa por um novo método de estimação de probabilidade em séries temporais.

Obs.: O pacote ***Psychometrics***, explicado na subseção seguinte, também é capaz de lidar com dados longitudinais.

3.4 Análise psicométrica

- *Networktree* – Cria *árvores* que, recursivamente, particionam os dados, compara as partições e realiza ajustes de modelos, possibilitando comparações. O pacote foi usado, por exemplo, por Jones et al. (2019) para analisar como as redes psicológicas de personalidade eram afetadas pelo domínio de inglês (que particiona os dados em "sim" ou "não"), o nível educacional (uma nova partição em "ensino médio ou inferior"; e "ensino superior") e pelo o gênero (uma última partição em "masculino" ou "feminino").
- *Psychonetrics* – Realiza modelagem de equações estruturais multigrupo combinada com análise confirmatória para dados transversais, séries temporais e dados em painel. O pacote foi empregado por Kan et al. (2020) para uma análise de dados sobre a escala Wechsler de inteligência, com o intuito de comparar em que diferem a abordagem de redes e a de análise fatorial. Obs.: confira o tutorial publicado por Reis (2022) sobre o *Psychometrics*;
- *EGANet* – Este pacote realiza a análise gráfica exploratória, um equivalente à Análise Fatorial com modelos de análise de redes. Foi empregado por Flores-Kanter et al. (2021) para estimar a dimensionalidade de fatores no Positive and Negative Affective Schedule (PANAS). Obs.: confira o tutorial publicado por Reis e Epskamp (2022) sobre o EGANet.

3.5 Utilidades gerais

- *NetworkToolbox* – Neste artigo-tutorial de Christensen (2019), o pacote é apresentado como uma alternativa para lidar com fenômenos complexos da Psicologia e da Psicopatologia, em áreas relacionadas com "[...] o cérebro, cognição e psicometria e outras áreas passíveis de análise em redes" (p.422). O pacote permite construir redes, identificar dependências entre nodos e obter diversas métricas de centralidade;
- *Bootnet* – Oferece algoritmos de reamostragem para avaliar a acurácia e a estabilidade de estruturas de redes e de índices de centralidade. O pacote *Bootnet* foi empregado por Chung et al. (2021) para melhor analisar a acurácia e estabilidade da rede formada por sintomas de trauma em pacientes com psicose incipiente;
- *NetworkComparisonTest* – Avalia a diferença entre duas redes a partir de métricas de invariância, permitindo a comparação entre duas ou mais redes. Na pesquisa de Cheung et al. (2021), o pacote foi empregado para verificar se existiam diferenças entre homens e mulheres no que diz respeito a sintomas de depressão relacionados à covid-19.
- *Network Tools* – Possui ferramentas como a *"bridge centrality"*, técnica usada para identificação de conexões entre sintomas, empregada por Jones, Ma e McNally (2021), para analisar comorbidades em rede; e a ferramenta *"goldbricker"*, que elimina redundâncias na rede, identificando nodos que medem o mesmo construto, empregada por Mullen e Jones (2021) para depurar uma análise de sintomas de ansiedade em rede;
- *IsingSampler* – Realiza amostragem a partir do modelo de Ising e computa probabilidades de tais estados amostrais. O IsingSampler foi usado, por exemplo, por Lunansky et al. (2021) para tratar respostas simuladas realizando uma amostragem baseada na distribuição de probabilidade do modelo de Ising.

Vale a pena destacar duas formas de notação úteis para uma boa comunicação do código. A primeira são os comentários ao longo do código feitos com o caracter #, linhas de comentários que não são processados e servem para segmentar partes do programa, dentre outras utilidades.

Outro recurso, mais sofisticado que os comentários com #, é o de *markdown* (https://rmarkdown.rstudio.com/), que permite transformar todo programa em um documento interativo de alta qualidade gráfica. Os comentários # e o *markdown* consistem em ótimas maneiras de garantir uma boa comunicação entre pesquisadores, bem como organização do código propriamente dito.

Considerações finais

Psicometristas envolvidos com os desafios da pesquisa quantitativa, sobretudo em áreas inovadoras como a Análise de Redes, precisam adquirir competências em programação. Caso contrário, correm o risco de serem excluídos dos novos desdobramentos da pesquisa científica, cada vez mais pautada por Ciência de Dados, Inteligência Artificial e afins. Nesse sentido, ter linguagens como R disponíveis gratuitamente na internet, na filosofia *Open Science*, constitui-se um imenso benefício para pesquisadores. Os desenvolvedores de pacotes de R formam uma comunidade profícua, sempre atualizada e diversificada, que oferece um instrumental indispensável tanto para a pesquisa quanto para a atuação profissional aplicada. Para usufruir desses recursos, o público interessado em Psicometria deve aprender a programar ao menos o suficiente para usar pacotes de R para resolver problemas em análises de dados.

No que diz respeito ao objetivo deste capítulo, o autor entende que este foi realizado, uma vez que se apresentou um panorama dos recursos de R para análise de redes, com exemplos extraídos de pesquisas. Tal resultado pode contribuir com o leitor interessado, para este se situar no cenário do R para análise de redes, conhecendo assim melhor o instrumental disponível.

Dada a produção incessante da comunidade R, é provável que nem todos os pacotes desenvolvidos para análise de redes até o momento da redação deste capítulo tenham sido contemplados na revisão. E, certamente, outros pacotes surgirão. O autor entende que o estudo deste capítulo deve proporcionar apenas um mergulho inicial que capacite o leitor para futuras explorações.

Constam como sugestões para o leitor: a) estudar mais a fundo como os pacotes em R foram empregados nas referências citadas pela leitura aprofundada de tais pesquisas; b) resolver exercícios de R disponíveis tutoriais no ambiente CRAN; c) selecionar problemas de psicometria envolvendo análise de redes e procurar resolvê-los com pacotes especializados de R.

Referências

Borsboom, D. (2005). *Measuring the Mind: Conceptual Issues in Contemporary Psychometrics.* Cambridge University Press.

Breuer, F., Greggersen, W., Kahl, K. G., Schweiger, U., & Westermair, A. L. (2020). Caught in a web of trauma: Network analysis of childhood adversity and adult mental ill-health. *Child Abuse & Neglect*, *107*, 104534. https://doi.org/10.1016/j.chiabu.2020.104534

Brusco, M. J., Steinley, D., Hoffman, M., Davis-Stober, C., & Wasserman, S. (2019). On Ising models and algorithms for the construction of symptom networks in psychopathological research. *Psychological Methods*, *24*(6), 735-753. https://doi.org/10.1037/met0000207

Cheung, T., Jin, Y., Lam, S., Su, Z., Hall, B. J., & Xiang, Y.-T. (2021). Network analysis of depressive symptoms in Hong Kong residents during the COVID-19 pandemic. *Translational Psychiatry*, *11*(1), 1-8. https://doi.org/10.1038/s41398-021-01543-z

Christensen, A., P. (2019). NetworkToolbox: Methods and Measures for Brain, Cognitive, and Psychometric Network Analysis in R. *The R Journal*, *10*(2), 422. https://doi.org/10.32614/rj-2018-065

Chung, Y.-C., Yun, J.-Y., Nguyen, T. B., Rami, F. Z., Piao, Y. H., Li, L., Lee, B., Kim, W.-S., Sui, J., Kim, S.-W., Lee, B. J., Kim, J. J., Yu, J.-C., Lee, K. Y., Won, S.-H., Lee, S.-H., Kim, S.-H., Kang, S. H., & Kim, E. T. (2021). Network analysis of trauma in patients with early-stage psychosis. *Scientific Reports*, *11*(1), 22749. https://doi.org/10.1038/s41598-021-01574-y

Csárdi, G., Nepusz, T., & Airoldi, E. (2016). *Statistical Network Analysis with igraph*. https://www.uni-due.de/hummell/sna/igraph/docs/.Book-Draft-CsardiNepuszAiroldi2016.pdf

Epskamp, S., Kruis, J., & Marsman, M. (2017). Estimating psychopathological networks: Be careful what you wish for. *PLoS ONE*, *12*(6), e0179891. https://doi.org/10.1371/journal.pone.0179891

Epskamp, S., Waldorp, L. J., Mõttus, R., & Borsboom, D. (2016). The Gaussian Graphical Model in Cross-sectional and Time-series Data. *Arxiv.org, 1.* https://arxiv.org/abs/1609.04156

Epskamp, S., Waldorp, L. J., Mõttus, R., & Borsboom, D. (2018). The Gaussian Graphical Model in Cross-Sectional and Time-Series Data. *Multivariate Behavioral Research, 53*(4), 453-480. https://doi.org/10.1080/00273171.2018.1454823

Flores-Kanter, P. E., Garrido, L. E., Moretti, L. S., & Medrano, L. A. (2021). A modern network approach to revisiting the Positive and Negative Affective Schedule (PANAS) construct validity. *Journal of Clinical Psychology.* https://doi.org/10.1002/jclp.23191

Gates, K. M., & Molenaar, P. C. M. (2012). Group search algorithm recovers effective connectivity maps for individuals in homogeneous and heterogeneous samples. *NeuroImage, 63*(1), 310-319. https://doi.org/10.1016/j.neuroimage.2012.06.026

Gil, A. C. (2009). *Como elaborar projetos de pesquisa.* Atlas.

Jones, P. J., Ma, R., & McNally, R. J. (2019). Bridge Centrality: A Network Approach to Understanding Comorbidity. *Multivariate Behavioral Research, 56*(2), 1-15. https://doi.org/10.1080/00273171.2019.1614898

Jones, P. J., Mair, P., Simon, T., & Zeileis, A. (2019). Network Model Trees. *OSFPreprints.* https://doi.org/10.31219/osf.io/ha4cw

Kan, K.-J., de Jonge, H., van der Maas, H. L. J., Levine, S. Z., & Epskamp, S. (2020). How to Compare Psychometric Factor and Network Models. *Journal of Intelligence, 8*(4), 35. https://doi.org/10.3390/jintelligence8040035

Kangaslampi, S., Garoff, F., Golden, S., & Peltonen, K. (2021). A network analysis of posttraumatic stress symptoms among help-seeking refugees in Kenya. *Journal of Anxiety Disorders, 78*, 102358. https://doi.org/10.1016/j.janxdis.2021.102358

Liu, D., Epskamp, S., Isvoranu, A.-M., Chen, C., Liu, W., & Hong, X. (2021). Network analysis of physical and psychiatric symptoms of hospital discharged patients infected with COVID-19. *Journal of Affective Disorders, 294*, 707-713. https://doi.org/10.1016/j.jad.2021.07.043

Lunansky, G., Naberman, J., van Borkulo, C. D., Chen, C., Wang, L., & Borsboom, D. (2021). Intervening on psychopathology networks: Evaluating intervention targets through simulations. *Methods.* https://doi.org/10.1016/j.ymeth.2021.11.006

Mair, P. (2021). CRAN Task View: Psychometric Models and Methods. *Cran.r-Project.org.* https://cran.r-project.org/web/views/Psychometrics.html

Marconi, M., & Lakatos, E. (2017). *Fundamentos de Metodologia Científica* (8a ed.). Atlas.

Mullen, R., & Jones, E. S. (2021). Network Analysis of Competitive State Anxiety. *Frontiers in Psychology, 11.* https://doi.org/10.3389/fpsyg.2020.586976

Orzechowski, P., Sipper, M., Huang, X., & Moore, J. H. (2018). EBIC: an evolutionary-based parallel biclustering algorithm for pattern discovery. *Bioinformatics, 34*(21), 3719-3726. https://doi.org/10.1093/bioinformatics/bty401

Pinto, I., Campos, C., & Siqueira, C. (2018). *Investigação qualitativa: Perspetiva geral e importância para as Ciências da Nutrição.* 30-34. https://actaportuguesadenutricao.pt/edicoes/investigacao-qualitativa-perspetiva-geral-e-importancia-para-as-ciencias-da-nutricao/?lang=en

Reis, A. dos (2021a). Análise de dados em Psicologia: Um roteiro para aprendizagem de R e Python. In *Abordagens em Psicologia: Saúde mental cotidiana* (pp. 32-47). Editora UniESMERO. https://drive.google.com/file/d/1cYlgkbzU8j1c0BeR6UMQc5Drngwc52it/view

Reis, A. (2021b). Análise Gráfica Exploratória na linguagem R: Um tutorial de Psicometria em Rede. In E. Martins, P. Freitas, & R. Mello (Eds.), *Psicologia & Desenvolvimento: Pesquisa e atuação* (pp. 10-25). e-Publicar. https://storage.googleapis.com/production-hostgator-brasil-v1-0-2/102/248102/ZJ2LQxgL/ eed85c3a046a 45f5bc6a797926dbda5b?fileName=PSICOLOGIA%201.pdf

Reis, A., & Epskamp, S. (2022). Psychonetrics: Modelagem por equações estruturais complementada por análise de redes. In *Estudos de Psicologia e Saúde Mental* (pp. 131-146). Editora Union. https://zenodo.org/record/5940075

Sadler, J. (2017). *Introduction to Network Analysis with R.* Jesse Sadler. https://www.jessesadler.com/post/network-analysis-with-r/

Suotsalo, K., Xu, Y., Corander, J., & Pensar, J. (2021). High-dimensional structure learning of sparse vector autoregressive models using fractional marginal pseudo-likelihood. *Statistics and Computing, 31*(6). https://doi.org/10.1007/s11222-021-10049-z

Weintraub, M. J., Schneck, C. D., & Miklowitz, D. J. (2019). Network Analysis of Mood Symptoms in Adolescents with or at High Risk for Bipolar Disorder. *Bipolar Disorders, 22*(2). https://doi.org/10.1111/bdi.12870

Williams, D. R. (2021). Bayesian Estimation for Gaussian Graphical Models: Structure Learning, Predictability, and Network Comparisons. *Multivariate Behavioral Research*, *56*(2), 1-17. https://doi.org/10.1080/00273171.2021.1894412

Williams, D., & Mulder, J. (2020). BGGM: Bayesian Gaussian Graphical Models in R. *Journal of Open Source Software*, *5*(51), 2111. https://doi.org/10.21105/joss.02111

Williams, D. R., Rhemtulla, M., Wysocki, A. C., & Rast, P. (2019). On Nonregularized Estimation of Psychological Networks. *Multivariate Behavioral Research*, *54*(5), 719-750. https://doi.org/10.1080/00273171.2019.1575716

Zhang, N. (2021). *A Tour of Data Science: Learn R and Python in Parallel.* Milton Crc Press Llc.

Zhang, R., Ren, Z., & Chen, W. (2018). SILGGM: An extensive R package for efficient statistical inference in large-scale gene networks. *PLOS Computational Biology*, *14*(8), e1006369. https://doi.org/10.1371/journal.pcbi.1006369

Zhao, T., Liu, H., Roeder, K., Lafferty, J., & Wasserman, L. (2012). The huge Package for High-dimensional Undirected Graph Estimation in R. *Journal of Machine Learning Research*, *13*, 1059-1062. https://www.jmlr.org/papers/volume13/zhao12a/zhao12a.pdf

As relações entre os sintomas de depressão e ansiedade durante a pandemia da covid-19 no Brasil

Alex Bacadini França
Patrícia Waltz Schelini
Luciano Magalhães Vitorino
Gerson Hiroshi Yoshinari Júnior
Clarissa Trzesniak

Objetivos

- Modelar a depressão e a ansiedade como uma rede de sintomas.
- Identificar como os sintomas de depressão e ansiedade podem se interligar.
- Identificar quais sintomas atuam como pontes entre essas psicopatologias.

Introdução

Há relatos na literatura científica de que a doença causada pelo coronavírus SARS-CoV-2 (covid-19) está altamente associada a manifestações mentais e neurológicas, incluindo delírio, ansiedade, distúrbios do sono e depressão (Zhou et al., 2020). Goularte et al. (2021) indicaram, recentemente, uma maior prevalência de depressão (68%) entre a população geral brasileira durante o surto de covid-19. Em um total de 1.676 participantes, aproximadamente dois terços apresentaram sintomas de depressão com sintomas moderados a graves, e 81,9% endossaram sintomas de ansiedade. Além disso, pesquisas destinadas a investigar os efeitos da covid-19 revelaram um aumento de condições associadas a transtornos por uso de substâncias, mudanças nos padrões alimentares, dificuldade para dormir ou se concentrar, medo e raiva (Carvalho et al., 2020; Liu et al., 2020).

Apesar dos inúmeros estudos e modelos explicativos, ainda é difícil dizer como os sintomas depressivos e de ansiedade interagem entre si, especialmente no contexto pandêmico. Mesmo os maiores estudos, dentro deste contexto, não exploraram significativamente a depressão e a ansiedade como um sistema dinâmico de sintomas (Lei et al., 2020; Liu et al., 2020; Kisely et al., 2020). Identificar e analisar os dados psicológicos como um sistema de comportamentos observáveis que se reforçam mutuamente de forma dinâmica tem sido particularmente promissor na pesquisa em saúde mental (Borsboom et al., 2021; Jones & McNally, 2021; Fried & Nesse, 2015). A organização da estrutura desse sistema pode ser representada em uma rede de sintomas (Borsboom et al., 2021).

A análise de rede aplicada à psicopatologia postula que um transtorno mental pode ser conceituado como redes de sintomas que interagem mutuamente entre si (Jones & McNally, 2021; Christensen, Golino & Silva, 2020; Costantini et al., 2019). Tais redes podem ser úteis para identificação de sistemas inter-relacionados de elementos dentro de um construto (Costantini et al., 2019), incluindo as psicopatologias (Borsboom & Cramer, 2013). Nessa perspectiva, a teoria da rede aplicada à psicopatologia desafia um ponto-chave: os problemas psicológicos são causados por variáveis não observadas que existem independentemente de seus sinais e sintomas.

Na representação visual de redes psicométricas, ao contrário das redes sociais, os nós (ou nodos) representam fenômenos psicológicos, por exemplo, sintomas e itens (Borsboom & Cramer, 2013). Esses nós são conectados por arestas, as quais normalmente representam uma medida estatística de associação – por exemplo, uma correlação, correlação parcial ou efeito causal estimado. As associações positivas são tipicamente representadas como bordas verdes, enquanto as associações negativas são representadas como bordas vermelhas. A força da associação é visualizada através da espessura da aresta: quanto mais forte a associação, mais espessa a aresta (Costantini et al., 2019).

Do ponto de vista da rede, também podemos avaliar a centralidade dos sintomas. A análise de centralidade fornece índices resumidos de informações sobre a importância relativa de um sintoma na rede (Opsahl et al., 2010). A centralidade dos sintomas pode fornecer pistas importantes para a pesquisa clínica e prática, ao sugerir alvos potenciais para intervenções (Rodebaugh et al., 2018).

Outra implicação dessa abordagem reside no fato de que o fenômeno da comorbidade pode ser entendido como diferentes comunidades de sintomas fortemente ligados. Jones et al. (2018) relatam, por meio de modelos de redes, possíveis relações funcionais entre sintomas de Transtorno Obsessivo Compulsivo (TOC) e depressão. Os autores relatam relações entre aspectos obsessivos e sentimento de tristeza, presente na depressão: fato já observado em pesquisas sobre transtornos de humor, em que os sintomas de depressão e ansiedade muitas vezes ocorrem concomitantemente.

Nessa direção, Borsboom (2017) afirma que a dinâmica dos sintomas não se restringe às *fronteiras* de qualquer categoria diagnóstica. Jones, Ma e McNally (2021), por meio de modelos de rede, indicam que investigar sintomas que pertencem a múltiplas comunidades ou sintomas, que se interligam a uma ou mais comunidades, pode auxiliar na compreensão de comorbidade(s) de transtornos psicológicos. Quando dois sintomas que pertencem a duas comunidades diferentes estão conectados, tais sintomas podem ser denominados como "sintomas-ponte". Sendo que a presença de uma ponte aumenta a chance de que a ativação de sintomas dentro de uma comunidade se espalhe e, eventualmente, ative outra comunidade de sintomas (Van den Bergh et al., 2021).

Para aumentar a compreensão da depressão e ansiedade em meio à pandemia de covid-19, pode ser necessário definir e modelar a psicopatologia como uma rede de sintomas que reforçam ativamente uns aos outros. Neste capítulo, os autores concentraram-se em identificar como os sintomas de depressão e ansiedade interagem e podem atuar como pontes entre esses agrupamentos em uma amostra da população brasileira, durante o pico da pandemia causada pela covid-19.

Método

Este capítulo utiliza parte dos dados provenientes da publicação de Vitorino et al. (2021), na qual uma pesquisa *on-line*, transversal, foi realizada durante a pandemia de covid-19 no Brasil (11 de maio a 3 de junho de 2020).

Instrumentos

(1) Questionário de Saúde do Paciente-9 (PHQ-9). Para a triagem de sintomas depressivos, usamos o Questionário de Saúde do Paciente 9-item (PHQ-9), que pontua cada um dos 9 critérios do DSM-IV para Transtorno Depressivo Maior (TDM) durante as últimas duas semanas. Para cada item, as respostas são avaliadas em uma escala Likert de 4 pontos, variando de 0 ("Nada") a 3 ("Quase todos os dias"). O PHQ-9 é adequado para rastreamento de episódios depressivos maiores na população brasileira (Zimmerman, 2019).

(2) A Escala de Transtorno de Ansiedade Generalizada de 7 itens (GAD-7). GAD-7 foi usada para avaliar os sintomas experimentados nas últimas duas semanas relacionados ao transtorno de ansiedade generalizada (Sousa et.al., 2015). As opções de resposta para cada um dos sete itens são classificadas em uma escala Likert de 4 pontos, variando de 0 ('nada') a 3 ('quase todos os dias'). Escores gerais mais altos indicam sintomas de ansiedade mais frequentes e graves, com escores totais variando de 0 a 21. Adotamos um escore de corte ≥10 para identificar transtorno de ansiedade ('moderado' ou 'grave'). O GAD-7 demonstrou consistência interna sólida com alfa de Cronbach = 0,94.

Análise dos dados

Estimativa de rede

Estimamos um modelo gráfico gaussiano, regularizado por *l*1 (LASSO) com a seleção do modelo EBIC para garantir que os parâmetros espúrios fossem colocados precisamente em zero, para obter uma rede mais interpretável. Foi definido hiperparâmetro como 0.5 para seleção do melhor modelo (Epskamp & Fried, 2016). Uma vez estimado, o modelo foi apresentado em uma estrutura de rede. Os nós representam os itens do questionário. As linhas, chamadas arestas, representam a relação entre os itens do questionário.

Descrição da rede e características dos nós

Avaliamos quais sintomas foram os mais importantes na rede. Considerou-se que quanto maior o índice de centralidade, mais central era o nó na rede. Para isso, analisamos usando a centralidade da força do nó (*Strenght*), grau de proximidade (*Closeness*) e grau de intermediação (*Betweenness)*. Centralidade da força do nó é a soma de todos os pesos conectados a um determinado nó, intermediação é o número de vezes que um nó se encontra no caminho mais curto entre dois outros nós, e proximidade é o comprimento médio do caminho mais curto entre um determinado nó e todos os outros nós na rede (Opsahl et al., 2010). Além disso, a *Bridge Strenght* (força da ponte – a soma do valor absoluto de todas as arestas que existem entre um nó A e todos os nós que não estão na mesma comunidade que o nó A) dos nós foi calculada (Jones, Ma & McNally, 2021). Esses índices foram padronizados e apresentados por meio do escore Z. Investigamos os índices de estabilidade das medidas de centralidade. Por meio do coeficiente *CS*, que quantifica a proporção máxima de casos que podem ser descartados para reter, com 95% de certeza. O coeficiente *CS* não deve ser inferior a 0.25 e preferencialmente superior a 0.5 (Epskamp et al., 2018).

Previsibilidade do nó

A previsibilidade é definida como a variação em um nó que é explicada por todos os outros nós da rede. A previsibilidade nos dá uma proporção de quanto a variância de um nó é explicada por outros nós na rede (Halsbeck & Fried, 2017).

Todas as análises estatísticas foram realizadas usando o software R Versão 4.1.0 e RStudio 1.4, por meio dos pacotes *bootnet* e *qgraph*.

Resultados

Características da amostra

Dos 1.167 participantes abordados para o estudo, 1.156 (99%) preencheram todos os itens do questionário. A idade média dos participantes foi de 37,6 anos (dp = 14,0), 27,7% tinham um amigo ou familiar com covid-19 e 34,3% eram profissionais de saúde. O tempo médio de isolamento social no momento do preenchimento da pesquisa foi de 46,5 dias (IC 95% 45,3–47,7). A frequência de transtorno de ansiedade (GAD-7 ≥ 10 pontos) e transtorno depressivo (PHQ-9 ≥ 10 pontos) foi de 29,0% e 41,9%, respectivamente.

Estimação da rede

A Figura 1 representa a rede dos sintomas de ansiedade e depressão baseada nas escalas GAD-7 e PQH-9.

Figura 1 - A estrutura de rede (N = 1 156) dos 07 sintomas da escala GAD e os 09 sintomas da escala PHQ-9.

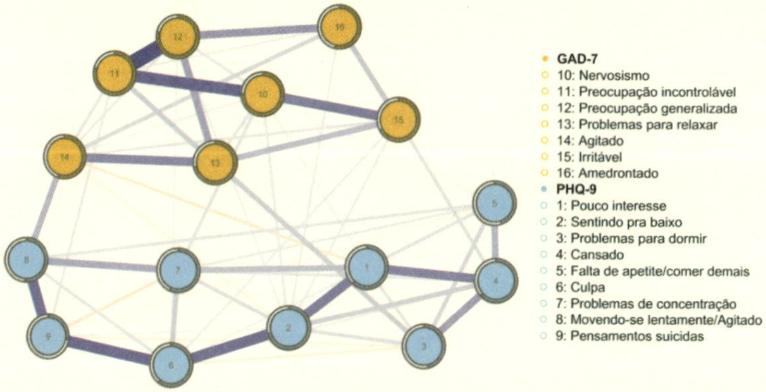

Nota: Os nós estão dispostos em ordem conforme a legenda e representam os itens da escala. As bordas de cada nó representam a porcentagem da previsibilidade de cada nó. O tamanho e a densidade das arestas entre os nós representam a força da conectividade.

A inspeção visual revela uma rede com muitas conexões entre os nós. Em relação aos sintomas característicos de depressão, conexões especialmente fortes surgem entre o nó #1 (perda de interesse), nó #2 (humor deprimido) e nó #6 (sentir-se inútil). Adicionalmente, nó #6 (sentir-se inútil) faz relação com o nó #9 (idealização suicida) e nó #8 (problemas psicomotores – lentidão ou agitação). A idealização suicida (nó #9) apresenta conexões significativas também com o nó #8 (problemas psicomotores – lentidão ou agitação). Já na comunidade formada por sintomas característicos de ansiedade, fortes conexões emergem entre os nós #10 (nervosismo), #11 (preocupação incontrolável), #12 (preocupação incontrolável) e #15 (irritável). Outra conexão forte emerge entre os nós #14 (agitado) e #13 (problemas para relaxar). Vale citar que foi selecionada uma rede densa, portanto, é necessário interpretar a presença das arestas mais fracas com cuidado.

Na sequência, investigamos a estabilidade dos índices de centralidade estimando modelos de rede baseados em subconjuntos de dados. Esta estabilidade pode ser quantificada usando o coeficiente *CS*. *Strenght* CS (cor = 0.7) = 0.85, Previsibilidade CS (cor = 0.7) = 0.95 e *Bridge Strenght* CS (cor = 0.7) = 0.50 mostraram-se altamente estáveis, enquanto e *Closeness* CS (cor = 0.7) = 0.35; *Betweenness* CS (cor = 0.7) = 0.25, apresentou adequada estabilidade. É importante dizer que *Closeness* (proximidade) e a *Betweenness* (intermediação) geralmente não apresentam estabilidade e podem ser medidas problemáticas, por violarem o princípio da transitividade (Borsboom et al., 2021; Bringmann et al., 2019; Hallquist et al., 2019). Consequentemente, as métricas *Strenght* (Força), *Bridge Strenght* (Força da ponte) e a Previsibilidade dos nós serão analisadas.

Figura 2 – Gráfico de centralidade usando medidas padronizadas de centralidade da força do nó (Strenght), grau de proximidade (Closeness) e grau de intermediação (Betweenness).

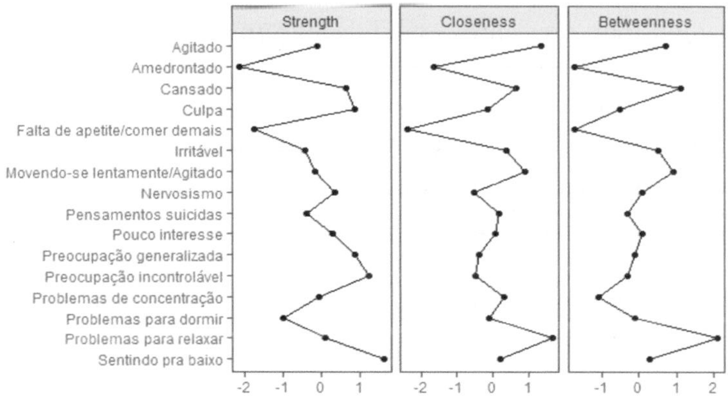

Na rede, o sentimento de "sentir-se para baixo" tem o maior grau de força, indica que possivelmente tem maior probabilidade de afetar rapidamente outros sintomas. A "preocupação incontrolável" e o "sentimento de culpa" também surgiram como nós com alto grau de força. Quanto à interação entre as comunidades de depressão e ansiedade, os sintomas "sentindo-se para baixo" (#2, depressão) e sentir-se agitado (#14, ansiedade) foram alguns dos nós atuando mais fortemente como sintomas de ponte.

A previsibilidade é mostrada ao redor de cada nó em forma de anel na Figura 1. A previsibilidade média em todos os nós foi de 60% (ou seja, 60% da variância de um nó que não é previsto pelo modelo de interceptação é explicada por seus vizinhos) em toda a rede de amostra. Em relação aos sintomas de depressão, "sentir-se para baixo" (70%) e "cansado" (63%) possuem maior previsibilidade. Por outro lado, "preocupação incontrolável" (79%) e "preocupação generalizada" (78%), dois sintomas característicos de ansiedade, destacaram-se com o maior a maior previsibilidade em toda a rede amostral.

Discussão

O estudo foi elaborado para caracterizar a estrutura da rede de sintomas de ansiedade e depressão durante o surto de covid-19 no Brasil e identificar possíveis sintomas que atuam como ponte entre as comunidades de ansiedade e depressão. Adicionalmente, foram verificadas a previsibilidade dos sintomas e a estabilidade da rede. Os índices de *Strenght* (Força), *Bridge Strenght* (Força da ponte) e a Previsibilidade dos nós demonstram excelentes estabilidade. Fato consistente com artigos recentes que mostram que a força parece ser a métrica de centralidade mais precisamente estimada em redes de psicopatologia (Bringmann et al., 2019; Hallquist et al., 2019; Epskamp, Borsboom & Fried, 2018).

A "preocupação incontrolável" e a "preocupação generalizada" surgiram como os nós mais centrais da rede para toda a amostra. Além disso, preocupação, nervosismo/irritabilidade e inquietação parecem ser os sinais que tendem a se associar de forma mais intensa a todo o conjunto de sintomas que caracterizam a ansiedade. É provável que diante de um fator ambiental, como a pandemia de covid-19, de abrangência mundial, mesmo pessoas menos vulneráveis biologicamente ao aparecimento de transtornos mentais possam desenvolver algum tipo de problema ou algum grau de sofrimento psicológico, até mesmo comprometimento no funcionamento cognitivo, afetando a capacidade de realizar atividades diárias.

Além disso, é preciso levar em conta que no mês de maio de 2020 (quando ocorreu a maior parte da coleta de dados), foi o terceiro mês com maior número de mortes. Esse cenário pode ter contribuído para a associação entre o nó "amendrontado" e um sentimento de preocupação generalizada e irritabilidade. Por enquanto, porém, não é possível saber a dimensão que o problema pode assumir, especialmente porque a pandemia ainda está ocorrendo em todo o mundo, portanto, as pesquisas ainda são limitadas.

Por outro lado, as informações obtidas neste estudo fornecem subsídios para intervenções e ações futuras. Intervenções com foco no alívio de sintomas centrais específicos devem, teoricamente, promover um efeito cascata benéfico, pelo qual a melhora em um sintoma desencadeia melhora em outros sintomas e impacto nos outros comportamentos, pensamentos e emoções relacionados ao sintoma (Greene et al., 2020; Boschloo et al., 2016). No período da coleta de dados (11 de maio e 3 de junho de 2020), destaca-se o mês de maio, o terceiro com o maior número de óbitos (Costa & Rosa, 2021). Nesse contexto, o estudo indicou que sintomas de ansiedade clinicamente significativos foram observados em 30% da amostra.

Estudos iniciais, na China, tentaram identificar sinais de depressão e ansiedade, além de monitorar o abuso de álcool e o bem-estar por meio de um questionário *on-line*. A proporção de indivíduos com sinais de depressão grave foi duas vezes maior na província de Hubei, localizada em Wuhan (foco inicial da pandemia), do que nas outras províncias chinesas (Ahmed et al., 2020). Os resultados de outra pesquisa *on-line* chinesa, na época em que a cidade de Hubei já adotava medidas restritivas de isolamento social, revelam que a proporção de pessoas com sinais característicos de ansiedade e depressão era de 13% e 22% respectivamente, ao contrário dos índices quando as pessoas ainda podiam circular e levar uma vida mais próxima do normal (7% e 12%) (Lei et al., 2020). Não há razão para suspeitar que a situação inicial na China seja muito diferente daquela enfrentada por outros países. Pode ser necessário elaborar intervenções cognitivo-comportamentais que abordem especificamente a melhoria das expectativas de resultados para o futuro, tendo por base que perda de interesse e precauções generalizadas e incontroláveis foram sintomas centrais na rede deste estudo.

Diferentemente dos estudos que utilizaram a soma dos escores do instrumento de autorrelato, em nosso estudo também buscamos identificar sintomas que possam ser mais promissores para intervenção prática. Sentir-se para baixo (70%) e cansado (63%) possuem maior previsibilidade enquanto sintomas de depressão. A preocupação incontrolável (79%), preocupação generalizada (78%) e nervosismo (73%) se destacaram com maior previsibilidade em toda a rede amostral. A preocupação excessiva com assuntos diários é uma marca registrada do transtorno de ansiedade generalizada, especialmente se for grave o suficiente para interferir na vida cotidiana. De fato, as mudanças muitas vezes causam ansiedade, e a pandemia estabeleceu muitas mudanças nos hábitos diários e preocupações semelhantes sobre saúde, higiene e evitação de contato social muito rapidamente (Rajkumar, 2020).

Como afirmado anteriormente, uma única pontuação de soma para uma medida de questionários existentes pode ser útil como um indicador da carga psicossocial dos sintomas, mas descarta muitas informações críticas sobre os sintomas individuais. É aparente na representação visual dos dois transtornos interações entre sintomas de diferentes comunidades. Portanto, os sintomas que funcionam como pontes entre as comunidades foram identificados, analisando quais sintomas de uma comunidade são mais fortemente conectados com os sintomas de outra comunidade. Quando inspecionada a comunidade formada por nós de depressão e ansiedade, a interação se deu mais fortemente entre os sintomas sentindo-se para baixo (#2, depressão) e sentir-se agitado (#14, ansiedade). Esses resultados sugerem que indivíduos que relatam sentimentos de se sentirem para baixo (humor deprimido) também relatam sintomas de ansiedade. Da mesma forma, indivíduos que relatam sintomas depressivos tendem a experienciar agitação. Van den Bergh et al. (2020), também por meio da análise de redes, demonstraram que sintomas específicos podem funcionar como *pontes* entre depressão, ansiedade e estresse.

Este estudo pretendeu contribuir com a literatura empírica sobre o estado mental dos brasileiros durante o surto de covid-19. Aqui propomos como o atendimento a sintomas específicos pode levar a *insights* para intervenções que provavelmente seriam mais eficientes se visassem sintomas centrais com alta previsibilidade. Essas descobertas são importantes porque contribuem ainda mais para nossa compreensão de como os sintomas de ansiedade e depressão podem interagir entre si. Para melhorar a comparabilidade entre culturas, utilizamos instrumentos internacionalmente validados, os quais são confiáveis no Brasil e em outros países. Entretanto, os resultados devem ser interpretados considerando várias limitações.

O Brasil é um país com um território excepcionalmente extenso, com áreas de difícil acesso que impossibilitaram uma amostragem mais representativa. Isso pode ter afetado nossos resultados, impedindo a observação de toda a faixa de variação de algumas das variáveis. Além disso, em cumprimento às diretrizes de distanciamento físico, coleta de dados foi realizada via internet. No presente estudo, foi utilizada uma amostra transversal, que não permite inspecionar relações defasadas ou contemporâneas. Longe de ser definitivo, este estudo permite ter uma ideia do que pode estar por vir. Informações mais precisas só devem ser conhecidas em meses ou anos, quando os pesquisadores tiverem melhores condições e mais tempo para aprofundar seus estudos sobre o tema.

Conclusão

A preocupação e o nervosismo parecem ser os sintomas que tendem a associar-se mais intensamente a todo o conjunto de sintomas que caracterizam a ansiedade. Esses aspectos devem ser prioritários em intervenções destinadas a melhorar a qualidade de vida durante e após a pandemia, e seriam os principais candidatos a futuros esforços de pesquisa longitudinal e experimental para confirmar seu papel causal.

Referências

Ahmed, M. Z., Ahmed, O., Aibao, Z., Hanbin, S., Siyu, L., & Ahmad, A. (2020). Epidemic of COVID-19 in China and associated Psychological

Problems. *Asian Journal of Psychiatry*, 51, 102092. https://doi.org/10.1016/j.ajp.2020.102092

Boschloo, L., van Borkulo, C. D., Borsboom, D., & Schoevers, R. A. (2016). A Prospective Study on How Symptoms in a Network Predict the Onset of Depression. *Psychotherapy and Psychosomatics*, *85*(3), 183-184. https://doi.org/10.1159/000442001

Borsboom, D. (2017). A network theory of mental disorders. *World Psychiatry*, *16*(1), 5-13. https://doi.org/10.1002/wps.20375

Borsboom, D., & Cramer, A. O. J. (2013). Network analysis: An integrative approach to the structure of psychopathology. *Annual Review of Clinical Psychology*, *9*(1), 91-121. https://doi.org/10.1146/annurev--clinpsy-050212-185608

Borsboom, D., Deserno, M. K., Rhemtulla, M. et al. (2021). Network analysis of multivariate data in psychological science. *Nat Rev Methods Primers 1*, 58. https://doi.org/10.1038/s43586-021-00055-w

Bringmann, L. F., Elmer, T., Epskamp, S., Krause, R. W., Schoch, D., Wichers, M., Wigman, J., & Snippe, E. (2019). What do centrality measures measure in psychological networks?. *Journal of Abnormal Psychology*, *128*(8), 892-903. https://doi.org/10.1037/abn0000446

Carvalho, P. M. de M., Moreira, M. M., de Oliveira, M. N. A., Landim, J. M. M., & Neto, M. L. R. (2020). The psychiatric impact of the novel coronavirus outbreak. *Psychiatry Research*, 286 (February). https://doi.org/10.1016/j.psychres.2020112902

Christensen, A. P., Golino, H., & Silvia, P. J. (2020). A psychometric network perspective on the validity and validation of personality trait questionnaires. *European Journal of Personality*, *34*, 1095-1108. https://doi.org/10.1002/per.2265

Costa, A. G., & Rosa, A. (2021). Terceiro mês mais letal da pandemia no Brasil, maio tem 59.010 mortes por Covid. *CNN Brasil*. 31 de maio 2021. https://www.cnnbrasil.com.br/saude/terceiro-mes-mais-letal -da--pandemia-no-brasil-maio-tem-59010-mortes-por-covid/

Costantini, G., Richetin, J., Preti, E., Casini, E., Epskamp, S., & Perugini, M. (2019). Stability and variability of personality networks. A tutorial on recent developments in network psychometrics. *Personality and Individual Differences*, *136*, 68-78. https://doi.org/10.1016/j.paid.2017.06.011

Epskamp, S., & Fried, E. I. (2016). A tutorial on regularized partial correlation networks. *Director*, *15*(2), 2017-2019. https://doi.org/10.1037/met0000167

Epskamp, S., Borsboom, D., & Fried, E. I. (2018). Estimating psychological networks and their accuracy: A tutorial paper. *Behavior Research Methods, 50*(1), 195-212. https://doi.org/10.3758/s13428-017-0862-1

Fried, E. I., & Nesse, R. M. (2015). Depression sum-scores don't add up: Why analyzing specific depression symptoms is essential. *BMC Medicine, 13*(1), 1-11. https://doi.org/10.1186/s12916-015-0325-4

Goularte, J. F., Serafim, S. D., Colombo, R., Hogg, B., Caldieraro, M. A., & Rosa, A. R. (2021). COVID-19 and mental health in Brazil: Psychiatric symptoms in the general population. *Journal of Psychiatric Research*, 132, 32-37. https://doi.org/10.1016/j.jpsychires.2020.09.021

Greene, T., Gelkopf, M., Fried, E. I., Robinaugh, D. J., & Lapid Pickman, L. (2020). Dynamic Network Analysis of Negative Emotions and DSM-5 Posttraumatic Stress Disorder Symptom Clusters During Conflict. *Journal of Traumatic Stress, 33*(1), 72-83. https://doi.org/10.1002/jts.22433

Hallquist, M. N., Wright, A. G. C, & Molenaar, P. C. M. (2019). Problems with centrality measures in psychopathology symptom networks: Why network psychometrics cannot escape psychometric theory. *Multivariate Behavioral Research*. Advance online publication. https://doi.org/10.1080/00273171. 2019.1640103

Haslbeck, J. M. B., & Fried, E. I. (2017). How predictable are symptoms in psychopathological networks? A reanalysis of 18 published datasets. *Psychological Medicine, 47*(16), 2267-2276. https://doi.org/10.1017/S0033291717001258

Jones, P. J., Mair, P., Riemann, B. C., Mugno, B. L. & McNally, R. J. (2018). A network perspective on comorbid depression in adolescents with obsessive-compulsive disorder. *Journal of Anxiety Disorders, 53*, 1-8. https://doi.org/10.1016/j.janxdis.2017.09.008

Jones, P. J., Ma, R., & McNally, R. J. (2021). Bridge Centrality: A Network Approach to Understanding Comorbidity. *Multivariate Behavioral Research, 56*(2), 353-367. https://doi.org/10.1080/00273171.2019.1614898

Kisely, S., Warren, N., McMahon, L., Dalais, C., Henry, I., & Siskind, D. (2020). Occurrence, prevention, and management of the psychological effects of emerging virus outbreaks on healthcare workers: Rapid review and meta-analysis. *BMJ (Clinical Research Education)*, 369, m1642. https://doi.org/10.1136/bmj.m1642

Lei, L., Huang, X., Zhang, S., Yang, J., Yang, L., & Xu, M. (2020). Comparison of prevalence and associated factors of anxiety and depression among people affected by versus people unaffected by quarantine during the COVID-19 epidemic in Southwestern China. *Medical Science Monitor, 26*, 1-12. https://doi.org/10.12659/MSM.924609

Liu, S., Yang, L., Zhang, C., Xiang, Y. T., Liu, Z., Hu, S., & Zhang, B. (2020). Online mental health services in China during the COVID-19 outbreak. *The Lancet Psychiatry*, 7(4), e17–e18. https://doi.org/10.1016/S2215-0366(20)30077-8

Opsahl, T., Agneessens, F., & Skvoretz, J. (2010). Node centrality in weighted networks: Generalizing degree and shortest paths. *Social Networks, 32*(3), 245-251. https://doi.org/10.1016/j.socnet.2010.03.006

Rajkumar R. P. (2020). COVID-19 and mental health: A review of the existing literature. *Asian journal of psychiatry*, 52, 102066. https://doi.org/10.1016/j.ajp.2020.102066

Rodebaugh T. L., Tonge, N. A., Piccirill, M. L., et al. (2018). Does centrality in a cross-sectional network suggest intervention targets for social anxiety disorder? *J Consult Clin Psychol, 86*(10), 831-844. https://doi.org/10.1037/ccp0000336

Sousa, T. V., Viveiros, V., Chai, M. V., Vicente, F. L., Jesus, G., Carnot, M. J., Gordo, A. C., & Ferreira, P. L. (2015). Reliability and validity of the Portuguese version of the Generalized Anxiety Disorder (GAD-7) scale. *Health and quality of life outcomes*, 13, 50. https://doi.org/10.1186/s12955-015-0244-2

Van den Bergh, N., Marchetti, I., & Koster, E. H. W. (2021). Bridges over Troubled Waters: Mapping the Interplay Between Anxiety, Depression and Stress Through Network Analysis of the DASS-21. *Cogn Ther Res* 45, 46-60. https://doi.org/10.1007/s10608020-10153-w

Vitorino, L. M., Junior, G. H. Y., Gonzaga, G., Dias, I. F., Ribeiro, I. M. G., Pereira, J. P. L., França, A. B., Al-Zaben, F., Koenig, H., Trzesniak, C., & Boyce, N. (2021). Impact of social isolation strategies due to COVID-19 on mental health and quality of life in Brazil. SSRN Electronic *Journal. Advance online publication.* https://doi.org/10.2139/ssrn.3666238

Zimmerman M. (2019). Using the 9-Item Patient Health Questionnaire to Screen for and Monitor Depression. *JAMA, 322*(21), 2125-2126. https://doi.org/10.1001/jama.2019.15883

Zhou J, Liu L, Xue P, Yang X, Tang X. (2020). Mental Health Response to the COVID-19 Outbreak in China. *Am J Psychiatry*. https://doi:10.1176/appi.ajp.2020.20030304

Descoberta Causal com Análises de Redes Psicológicas

Víthor Rosa Franco

Objetivos

- Descrever a relação entre a análise de redes psicológicas e modelos gráficos probabilísticos.
- Definir o que é equivalência entre modelos e o impacto que isso tem em inferências causais.
- Descrever algoritmos de descoberta causal que ainda são pouco ou nada utilizados na pesquisa em psicologia.
- Demonstrar como utilizar pacotes do software R para identificar relações causais nos dados.

Introdução

Os modelos de análises de redes psicológicas têm crescido em popularidade em diversas áreas de pesquisa como inteligência (Van der Maas et al., 2006), psicopatologia (Borsboom, 2017), entre outros. Uma das principais vantagens apresentadas pelos seus proponentes é que tais tipos de modelos representam relações causais entre as variáveis utilizadas. No entanto, entre os modelos mais populares estão os modelos gráficos gaussianos (*Gaussian graphical models*, GGMs; Lauritzen, 1996), os quais apresentam apenas relações não direcionais. Isso significa que os

GGMs, apesar de poderem ser considerados como modelos causais, não explicitam quais variáveis seriam causas e quais variáveis seriam efeitos.

Com base na teoria desenvolvida na literatura de modelos gráficos probabilísticos, sabe-se, o entanto, que modelos não direcionais apresentam equivalências com modelos direcionais; ou seja, modelos não direcionais são equivalentes a modelos que explicitam quais variáveis são causas e quais são efeitos. Assim, o objetivo geral deste capítulo é apresentar, de forma prática e formal, como identificar equivalência entre modelos causais e como derivar hipóteses causais a partir de dados correlacionais com algoritmos de descoberta causal e GGMs.

1. Modelos gráficos probabilísticos

Lauritzen (1996) sistematiza e define os modelos gráficos probabilísticos como uma junção do estudo de modelos multivariados com a teoria matemática dos grafos (Chartrand, 1977). Mais especificamente, modelos probabilísticos gráficos são objetos matemáticos que representam distribuições multivariadas. Dessa forma, modelos gráficos probabilísticos são principalmente importantes por auxiliar na interpretação das relações existentes entre variáveis de uma mesma distribuição multivariada. Formalmente, os grafos costumam ser representados pela letra G. Além disso, grafos são geralmente definidos como o conjunto $G = (V, E)$, onde V representa o conjunto de variáveis do modelo (também nomeados como nodos ou vértices) e E representa o conjunto de relações entre as variáveis do modelo (também nomeados como arestas ou conexões).

Em sua forma básica, os modelos gráficos probabilísticos podem ser de três tipos (mas existem muitos mais; por exemplo, Cox & Wermuth, 1993; Miller, 2011; Spirtes, 2001): (i) não direcionais; (ii) direcionais; e (iii) de cadeia (ou mistos). Os modelos não direcionais são aqueles que representam relações simétricas (por exemplo, correlações ou correlações parciais), as quais são representadas pictoricamente por linhas. Os modelos direcionais são aqueles que representam relações assimétricas (por exemplo, coeficientes de regressão linear), as quais são representadas pictoricamente por setas. Já os modelos de cadeia (ou mistos) apresentam tanto relações não direcionais quanto relações direcionais. Existem vários usos e interpretações distintas para modelos de cadeia (ver Sonntag & Peña, 2016), mas de forma geral modelos de cadeia representam casos em que há incerteza sobre a causalidade de algumas relações, mas certeza sobre algumas outras relações.

Independentemente do tipo de modelo gráfico utilizado, todos eles devem representar adequadamente uma distribuição multivariada dos dados. Formalmente, distribuições de probabilidade podem ser representadas como $P(X)$, onde $P(\cdot)$ é a distribuição de probabilidade e X é uma variável. $P(\cdot)$ também pode ser utilizado para representar distribuições multivariadas, sendo necessário deixar claro se o modelo é não direcional, direcional ou de cadeia. Para isso, relações não direcionais são representadas com a notação de probabilidades conjuntas (modelos desse tipo são conhecidos na literatura de *machine learning* como modelos gerativos; Jebara, 2012): $P(X,Y)$. No caso de relações direcionais, utiliza-se a notação de probabilidades condicionais (modelos desse tipo são conhecidos na literatura de *machine learning* como modelos discriminativos): $P(X|Y)$. Modelos de cadeia, obviamente, fazem uma mistura da notação dos outros dois tipos de modelo.

A generalização dessas notações para casos multivariados é trivial no caso de modelos não direcionais; basta incluir uma vírgula e o nome das novas variáveis introduzidas no modelo, por exemplo: $P(X,Y,W,Z)$. No caso de modelos direcionais e de cadeia, é preciso que se atente mais claramente aos tipos de dependências condicionais que existem no modelo. Em termos leigos, as dependências condicionais representam relações espúrias entre duas variáveis, devido à presença de uma terceira variável. Também existe a independência condicional, a qual representa a ausência de relações entre duas variáveis quando uma terceira variável está presente no modelo. A importância desses tipos de relações é amplamente discutida em Pearl (2009). Neste livro, o autor apresenta sua teoria de causalidade, a qual demonstra que (in) dependências condicionais podem ser utilizadas para se inferir relações causais a partir de dados correlacionais, mesmo em estudos transversais.

Na teoria causal de Pearl (2009), grafos são utilizados para representar relações causais que se acredita terem gerado as correlações observadas em um estudo. Esse fundamento é importante, pois, como demonstrado pelo autor, a estrutura de correlações nos dados é dependente exclusivamente da estrutura causal que gerou os dados, não sendo influenciado pela escolha específica de funções e distribuições para se descrever esses dados (mais detalhes em Glymour et al., 1987). Em outras palavras, conhecer o modelo causal que gerou os dados permite inferir, sem fazer quaisquer cálculos, se este modelo é plausível ou não com as correlações observadas em uma amostra. Para isso, no entanto, é preciso avaliar se as informações disponíveis permitem concluir que, de fato, um único modelo causal é o mais adequado para se explicar as relações observadas.

2. Equivalência entre modelos e inferência causal

Em termos de inferência causal a partir de dados correlacionais, caso haja apenas duas variáveis, é impossível saber qual variável é a causa e qual variável é o efeito. Isso porque a fatoração da distribuição de probabilidade não nos dá informação suficiente sobre (in)dependências condicionais. Formalmente, quando coletamos dados correlacionais e geramos um grafo para duas variáveis, temos a representação $P(X,Y)$. Pela teoria de probabilidade, e pela definição de probabilidades conjuntas, ao se assumir que não há variáveis confundidoras (ou seja, causas não observadas), pode-se dizer que $P(X,Y) = P(X|Y)P(Y) = P(Y|X)P(X)$.

Com base na interpretação causal dessa notação, se observamos uma correlação entre X e Y (ou seja, se $P(X,Y)$), podemos inferir que ou Y é a causa de X (representado por $P(X|Y)P(Y)$), ou que X é a causa de Y (representado por $P(Y|X)P(X)$). Pode-se concluir, então, que o grafo não direcional que representa a relação $P(X,Y)$ é equivalente a dois grafos direcionais: $P(X|Y)P(Y)$ e $P(Y|X)P(X)$. Essas relações são pictoricamente representadas na Figura 1. Como grafos não direcionais geralmente vão ser equivalentes ao menos um modelo direcional, pode-se dizer que grafos não direcionais também representam classes de equivalência. Uma classe de equivalência é um conjunto de objetos (no caso, modelos causais) que são todos iguais de acordo com algum critério (no caso, a distribuição multivariada que os grafos causais representam). Grafos não direcionais que são equivalentes a grafos direcionais são também conhecidos como grafos morais (Xu et al., 2019).

Figura 1 - Representação de grafos possíveis a partir de correlações observadas entre duas variáveis.

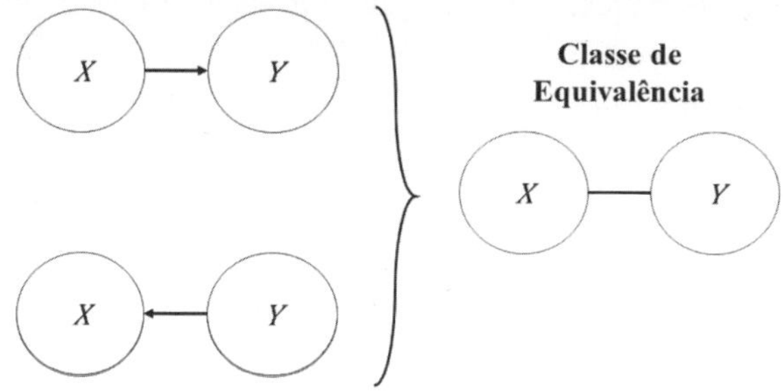

Nota. A linha reta representa uma relação não direcional (no caso, uma correlação). As setas representam relações direcionais (no caso, coeficientes de regressão).

A capacidade de inferência causal de grafos é limitada, de fato, quando há apenas duas variáveis. No entanto, quando há ao menos três variáveis, já se pode observar ganhos significativos. Para compreender esse caso, imagine o cenário onde não há ciclos no grafo (ou seja, um efeito não pode ser causa de uma causa) e não há variáveis confundidoras influenciando o modelo. A observação de $P(X,Y,Z)$ pode ser avaliada sob a ótica de ao menos quatro processos causais, representados por grafos direcionais acíclicos (*directed acyclic graphs*, DAGs), conforme a Figura 2.

Figura 2 - Equivalência entre modelos a depender do processo gerador dos dados na presença de três variáveis.

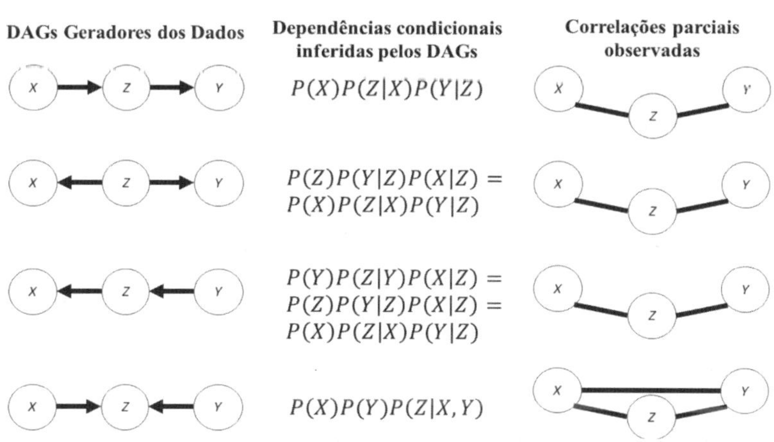

Nota. Setas representam relações causais e linhas representam correlações parciais.

No primeiro caso, X causa a variável Z, que causa Y; formalmente, esse modelo é fatorado como $P(X,Y,Z) = P(Y|Z)P(Z|X)P(X)$. Pelo teorema de Bayes, sabe-se que $P(Z|X)P(X) = P(X|Z)P(Z)$ e, portanto, pode-se concluir que $P(Y|Z)P(Z|X)P(X) = P(Y|Z)P(X|Z)$ $P(Z)$. Isso significa afirmar que um processo onde X causa a variável Z, que por sua vez causa a variável Y, é equivalente (ou seja, gera o mesmo padrão de correlações) que um processo onde Z causa tanto a variável X quanto a variável Y. Ainda mais drástico é o fato de que, ao se aplicar o teorema de Bayes, mais uma vez se chega à conclusão de que $P(Y|Z)P(Z|X)P(X) = P(X|Z)P(Z|Y)P(Y)$; ou seja, o processo causal inverso ao primeiro processo avaliado é capaz de gerar exatamente o mesmo padrão de correlações nos dados.

Os três processos causais discutidos pertencem à mesma classe de equivalência e, portanto, podem ser representados pelo mesmo grafo não direcional, no qual há uma linha ligando X e Y a Z, mas nenhuma linha ligando X a Y (conforme representado na Figura 2). No entanto, caso um par de variáveis do trio não esteja correlacionado, então um grafo não direcional distinto será mais adequado para representar o modelo. Assim, digamos que, por exemplo, X e Y não estão correlacionados. Nesse caso, a única fatoração possível é $P(X,Y,Z) = P(Z|X,Y)$ $P(X)P(Y)$. Em palavras, X e Y são independentes e ambos são causas de Z. O grafo não direcional derivado desse processo causal apresenta ligações entre todas as variáveis, diferentemente do que aconteceu nos três exemplos anteriores. Esse tipo de processo causal é conhecido como estrutura-v (*v-structure*).

É tentador concluir que neste caso exista uma condição de necessidade e suficiência entre o processo causal gerador e as correlações observadas nos dados; ou seja, seria desejável poder concluir com certeza que um padrão observado de correlações (ou correlações parciais) deve-se apenas a um único processo causal. No entanto, sem pressupostos auxiliares, isso não é possível. Mais especificamente, a literatura de inferência e descobrimento causal (Glymour et al., 2019) tem demonstrado que ao menos três pressupostos auxiliares precisam ser verdadeiros para que se possa inferir relações causais a partir de dados correlacionais. O primeiro pressuposto, nomeado de condição de Markov Causal, afirma que condicionar uma variável X a todas as suas causas diretas vai tornar X independente de todas as variáveis que não são causas ou efeitos diretos de *X*. A principal implicação desse pressuposto é que, ao se ignorar os efeitos de uma variável *X*, todas as informações probabilísticas que podem ser obtidas dos dados estão contidas nas causas diretas de *X*.

O segundo pressuposto necessário é nomeado de condição de fidelidade (*faithfulness*) causal. Esse pressuposto estipula que as variáveis que são causalmente conectadas em um grafo são probabilisticamente dependentes. O pressuposto de fidelidade pode falhar quando uma variável tem um efeito direto positivo e um efeito indireto negativo (ou vice-versa, ou dois efeitos indiretos com sinais opostos) que geram um efeito de supressão entre causa e efeito. Nesse cenário, apesar de haver um efeito causal entre duas variáveis, ao se mensurar as correlações, irá se observar uma falta de correlação entre causa e efeito, sendo o grafo gerado considerado não fiel (*unfaithful*). O último pressuposto é nomeado de condição de suficiência causal. Esse pressuposto estipula que não há causas comuns não observadas entre variáveis que foram observadas e diretamente medidas. A necessidade desse pressuposto se deve pelo fato de que um conjunto de variáveis correlacionadas pode sempre ser explicado por causas latentes (Papineau, 1991).

Caso os três pressupostos sejam razoáveis para os dados sendo analisados, então sempre que duas variáveis que são independentes estão correlacionadas com uma terceira variável, pode-se concluir que uma estrutura-v ocorre nos dados. No entanto, caso os pressupostos não sejam razoáveis para os dados, então processos causais alternativos podem ser inferidos aos dados. No topo da Figura 3 se representa um grafo não direcional de correlações. O grafo (a) representa a estrutura-v inferida desse grafo não direcional. Todos os outros grafos, de (b) a (f), representam processos causais que podem gerar exatamente o mesmo padrão de correlações que o grafo (a) caso os pressupostos causais não sejam verdadeiros.

É importante salientar que tanto a questão das fatorações possíveis quanto dos pressupostos necessários para se inferir relações causais a partir de dados correlacionais pode se estender para casos com mais de três variáveis. No entanto, a complexidade dessa análise cresce exponencialmente com a quantidade de variáveis (e.g., Le et al., 2016). Dessa forma, para que seja viável descobrir relações causais a partir de dados correlacionais, diversos algoritmos de descoberta causal têm sido desenvolvidos na literatura.

Figura 3 - Exemplos de processos causais possíveis para uma estrutura-v quando os pressupostos causais são respeitados (a) e quando não são (b-f).

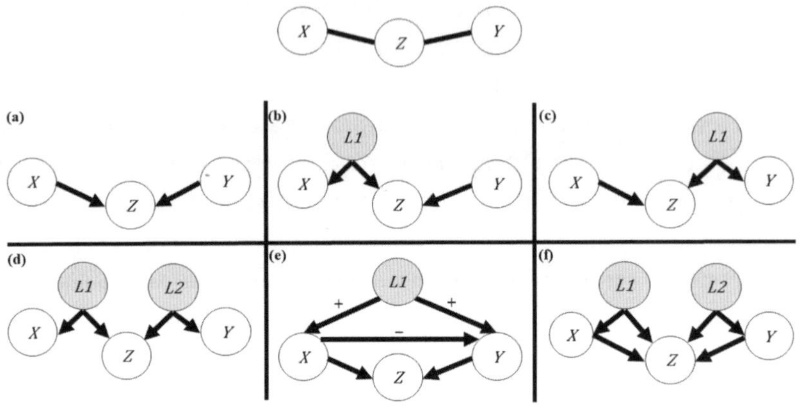

Nota: Os vértices em cinza representam variáveis confundidoras.

3. Algoritmos de descoberta causal

Muitos autores se aproveitaram do fato de que independências condicionais podem ser derivadas de estruturas-v, e dos três pressupostos causais, para desenvolver algoritmos computacionais que tentam descobrir qual a relação causal mais provável para os dados. Esses algoritmos são conhecidos como algoritmos de descoberta causal (*causal discovery*) ou de aprendizado de estrutura (*structure learning*; Rohrer, 2018). Esses algoritmos podem ser classificados em um de três tipos: (i) baseados em restrições (*constraint-based*); (ii) baseados em escores (*score-based*); e (iii) híbridos. Como pode haver equivalência entre modelos, esses algoritmos irão retornar, geralmente, DAGs parcialmente completos (*completed partially DAGs*, CPDAGs). CPDAGs são grafos de cadeia (ou seja, grafos com relações direcionais e não direcionais) que representam uma classe de equivalência onde algumas das direções das relações são certas (a partir dos três pressupostos causais), enquanto as outras são incertas.

Um dos primeiros algoritmos baseado em restrições a ter sido desenvolvido é o algoritmo-PC (Spirtes et al., 2000). A ideia principal deste algoritmo é identificar as estruturas-v (i.e., dependências condicionais) presentes nas correlações entre as variáveis. A extensão proposta por Colombo e Maathuis (2014), nomeada como PC-estável, facilita esse processo ao encontrar, no primeiro passo, um grafo não direcional baseado em correlações parciais. Depois disso, arestas que representam dependência condicional são removidas, formando o esqueleto do grafo. O esqueleto é um grafo com as mesmas arestas de um DAG, mas sem que nenhuma das arestas esteja direcionada. Repare que o esqueleto é diferente do grafo moral, que, como definido anteriormente, é um grafo não direcional no qual as relações causais representam a classe de equivalência de DAGs. Por fim, as relações têm suas direções definidas a partir das relações de (in)dependências condicionais identificadas nos dados com testes de significância dessas relações. Os principais passos do algoritmo são apresentados na Quadro 1.

Quadro 1 - Principais passos do algoritmo PC.

Algoritmo PC
1. Estimar um grafo não direcional de dependências condicionais.
2. Remover arestas que representam independências não condicionais.
3. Para cada par de variáveis (A e B) que apresentam relações entre si, e para cada terceira variável (C) conectada com esse par de variáveis, eliminar as arestas entre A e B, se A for independente de B ao se condicionar em C.
4. Para cada par de variáveis (A e B) que apresentam relações entre si, e para cada par de variáveis (C e D) com ambas conectadas ao primeiro par de variáveis, eliminar as arestas entre A e B, se A for independente de B ao se condicionar em C e em D.
5. Para cada trio de variáveis (A, B e C) de forma que A e B estão conectados, B e C estão conectados, mas A e C não estão conectados, direcionar as arestas A − B − C como A → B → C, desde que A e C não sejam independentes por terem sido condicionadas em B.
6. Para cada trio de variáveis que sigam o padrão A → B − C, onde A e C não estão conectados, direcionar a aresta B − C como B → C.

Entre os algoritmos baseados em escores, os mais conhecidos são o algoritmo ganancioso de busca equivalente (*greedy equivalence search*, GES; Chickering, 2002) e o algoritmo de escalada na montanha (*hill climbing*, HC; Daly & Shen, 2007). Ambos os algoritmos usam buscas heurísticas locais baseadas em índices de ajuste (como BIC, AIC, ou índices de qualidade de ajuste), removendo e direcionando as arestas a cada iteração, até que não seja mais possível implementar melhorias no modelo. De forma geral, esses algoritmos podem ter desempenho melhor do que algoritmos baseados em restrições (p.ex., Russell & Norvig, 2009). No entanto, eles são mais lenientes do que os algoritmos baseados em restrições e, por isso, tendem a gerar resultados menos generalizáveis. Os principais passos do algoritmo GES são apresentados na Quadro 2.

Quadro 2 – Principais passos do algoritmo GES.

Algoritmo GES
1. O algoritmo é iniciado com um grafo que não tem qualquer aresta. Cada passo a seguir é terminado assim que não é mais possível melhorar o índice de ajuste. 2. Arestas são adicionadas, uma a uma, entre variáveis, desde que a adição da aresta melhore o índice de ajuste. 3. Das arestas inseridas, são feitas propostas de remoção, uma a uma, a depender se a remoção melhora o índice de ajuste. 4. Para cada par de variável (A e B) relacionado com uma terceira variável (C), direcionar as arestas como estruturas-v. 5. Propor e inverter cada relação por vez e manter a orientação que melhora o índice de ajuste.

É possível também restringir o espaço de busca de algoritmos baseados em escores ao se iniciar esse tipo de algoritmo com um esqueleto ou com um grafo não direcional de independências condicionais. Quando se usa um algoritmo de restrições para se estimar esse grafo inicial e o resto da estimação da estrutura é feita com um algoritmo baseado em escores, tem-se um algoritmo híbrido (Nandy et al., 2018). Dessa forma, é possível, por exemplo, combinar o algoritmo-PC com o algoritmo GES para se gerar um algoritmo híbrido. De fato, é possível combinar qualquer algoritmo de restrições com qualquer algoritmo baseado em escores para se gerar um algoritmo híbrido. No entanto, existem alguns algoritmos híbridos (e.g., Tsamardinos et al., 2003) que não são fusões de algoritmos de restrição e baseados em escores, mas que seguem a mesma ideia de, primeiro, gerar um grafo de independências condicionais e, segundo, estimar a direção das arestas.

Por fim, embora não seja o escopo deste capítulo, é importante citar que existem algoritmos especiais de descoberta causal. Por exemplo, há algoritmos que levam em consideração a possibilidade da existência de confundidores (p.ex., o algoritmo FCI; Spirtes, 2001). Há também algoritmos específicos para aprender grafos de cadeia (p.ex., Drton & Perlman, 2008; Franco et al., 2021; Javidian et al., 2019). A descoberta da estrutura de grafos de cadeia é um problema particularmente desafiador. Nesses grafos, diferentemente de CPDAGs, as relações não direcionais podem representar mais do que simplesmente a ausência de conhecimento da direção causal. Essa discussão foge ao escopo deste capítulo, mas diversas referências podem ser encontradas na literatura (p.ex., Sonntag & Pena, 2016).

4. Descoberta causal com o Software R

Métodos para descoberta causal estão disponíveis em uma diversidade de programas estatísticos. Neste texto, o foco é dado exclusivamente para os métodos implementados no pacote pcalg (Kalisch et al., 2012) do software R (R Core Team, 2022). O pacote pcalg oferece uma série de funções para descoberta causal e inferência causal usando modelos probabilísticos gráficos. Nesta seção iremos mostrar também como utilizar modelos gráficos gaussianos (*Gaussian graphical models*, GGMs) regularizados, comumente utilizados na pesquisa psicológica, para gerar informações iniciais para os algoritmos de descoberta causal. Assim, também usaremos o pacote GGMncv (Williams, 2020) para estimar os GGMs regularizados. Para gerar os grafos e para passos intermediários da análise, usaremos os pacotes qgraph (Epskamp et al., 2012) e igraph (Csardi & Nepusz, 2006).

As análises serão demonstradas utilizando um modelo causal simulado, onde cada variável segue uma distribuição normal, com relações causais definidas a partir do DAG apresentado na Figura 4. Neste processo, x e y são variáveis independentes não condicionalmente. Esse modelo foi escolhido e estabelecido arbitrariamente, com um único critério de seguir, de forma geral, os três pressupostos causais. As forças das relações foram amostradas aleatoriamente utilizando uma distribuição uniforme com limite inferior igual a 0,05 e limite superior igual a 0,40.

Figura 4 - Processo causal originário dos dados usados neste estudo.

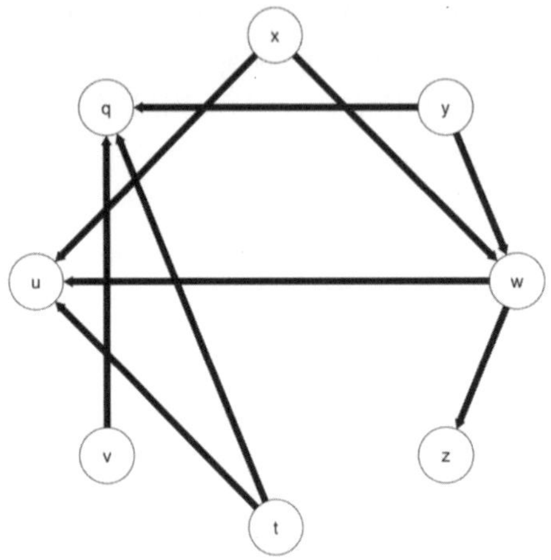

Nota: A ponta da seta representa o efeito, enquanto a cauda representa a causa.

Os dados simulados foram criados usando o seguinte conjunto de comandos:

```
set.seed(1234)
N <- 500
x <- rnorm(N); y <- rnorm(N)
w <- rnorm(N, runif(1, .05, .4) * x + runif(1, .05, .4) * y)
z <- rnorm(N, runif(1, .05, .4) * w)
t <- rnorm(N)
v <- rnorm(N)
u <- rnorm(N, runif(1, .05, .4) * w + runif(1, .05, .4) * t + runif(1,
.05, .4) * x)
```

```
q <- rnorm(N, runif(1, .05, .4) * y + runif(1, .05, .4) * t + runif(1, .05, .4) * v)
dataset <- data.frame(x,y,w,z,t,v,u,q)
TRUEdag <- matrix(c(0,0,1,0,0,0,1,0,
                    0,0,1,0,0,0,0,1,
                    0,0,0,1,0,0,1,0,
                    0,0,0,0,0,0,0,0,
                    0,0,0,0,0,0,1,1,
                    0,0,0,0,0,0,0,1,
                    0,0,0,0,0,0,0,0,
                    0,0,0,0,0,0,0,0), byrow=T, nrow=8, ncol=8)
colnames(TRUEdag) <- rownames(TRUEdag) <- colnames(dataset)
diag(TRUEdag) <- NA; qgraph(TRUEdag, layout="circle", edge.color="black")
rm(x,y,w,z,t,v,u,q); V <- ncol(dataset)
```

Ao rodar esses comandos, quatro objetos estarão salvos no seu ambiente de trabalho: dataset, o banco de dados com as variáveis simuladas; TRUEdag, o DAG não ponderado representando as relações causais usadas para criar os dados; N, o tamanho da amostra; e V, a a quantidade de variáveis no banco dataset.

O próximo passo envolve aplicar os algoritmos de descoberta causal nesse conjunto de dados. O pacote pcalg, atualmente, apresenta nove diferentes algoritmos de descoberta causal, incluindo o algoritmo-PC e o GES. Para usar o algoritmo-PC é necessário prover a matriz de correlações dos dados, o tamanho amostral e um nível específico de significância. Para a função específica para usar o algoritmo-PC com o pacote pcalg, é necessário também indicar se será usado o algoritmo-PC original ou a versão estável, sendo a segunda opção sugerida, dado que essa versão não é afetada pela ordem que os testes de significância são feitos. Esses passos podem ser realizados utilizando o seguinte conjunto de comandos:

```
suffStat <- list(C=cor(dataset), n=N)
alpha <- .05
varNames <- colnames(dataset)
PC      <- pcalg::pc(suffStat, indepTest=gaussCItest, alpha=alpha,
                  skel.method="stable", labels=varNames)
PCamat <- {as(PC,'amat') == 1} * 1
PCcpdag <- as.matrix(igraph::as_adjacency_matrix(
             igraph::igraph.from.graphNEL(
             pcalg::dag2cpdag(as(t(PCamat), "graphNEL")))))
diag(PCcpdag) <- NA
PCudg <- {{PCcpdag == 1} & {t(PCcpdag) == 1}} * PCcpdag
PCdg <- {{PCcpdag == 1} != {t(PCcpdag) == 1}} * PCcpdag
```

Para utilizar o algoritmo GES com o pacote pcalg, basta estabelecer qual tipo de escore será utilizado. O pacote providencia alguns tipos de escores a depender do tipo de variável (ou seja, contínua ou discreta ou tipos de variáveis misturados). Mas, para varíaveis contínuas, o padrão é usar o critério de informação Bayesiano (*Bayesian information criterion, BIC*; Schwarz, 1978). Para estabelecer que o BIC será o escore utilizado e que o algoritmo será o GES, basta rodar o seguinte conjunto de comandos:

```
score <- new("GaussL0penObsScore", dataset)
GES <- ges(score)
GESamat <- {GES$repr$weight.mat() != 0} * 1
GEScpdag <- as.matrix(igraph::as_adjacency_matrix(
             igraph::igraph.from.graphNEL(
             pcalg::dag2cpdag(as(t(GESamat), "graphNEL")))))
diag(GEScpdag) <- NA
GESudg <- {{GEScpdag == 1} & {t(GEScpdag) == 1}} *
GEScpdag
GESdg <- {{GEScpdag == 1} != {t(GEScpdag) == 1}} * GEScpdag
```

Como descrito anteriormente, esses algoritmos retornam CP-DAGs; ou seja, classes de equivalência onde algumas relações causais são certas, enquanto outras são incertas. Os CPDAGs gerados pelos dois métodos estão representados na Figura 5. À esquerda, o CPDAG estimado pelo algoritmo-PC. À direita, o CPDAG estimado pelo algoritmo GES. As setas, também ilustradas com linhas inteiriças, representam as relações que o algoritmo definiu uma direção específica. Já as arestas ilustradas com linhas tracejadas representam as relações que o algoritmo não conseguiu definir uma direção específica (ou seja, relações não direcionais). É possível observar que o algoritmo-PC definiu mais direções do que o algoritmo GES.

Figura 5 - CPDAGs gerados pelos algoritmos algoritmo-PC (à esquerda) e GES (à direita).

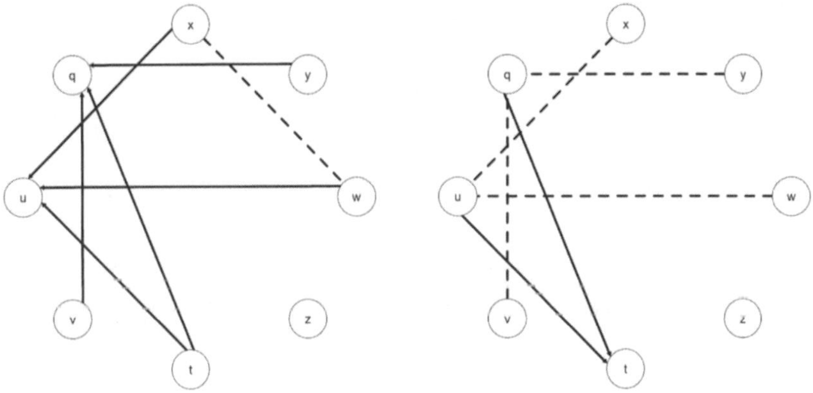

Nota: Setas com linhas inteiriças representam relações direcionais e linhas tracejadas representam relações não direcionais.

Pela inspeção da Figura 7, parece que o algoritmo-PC foi mais eficiente do que o GES. Antes de calcularmos índices de acurácia para avaliar isso, podemos também usar um algoritmo híbrido e comparar o seu desempenho aos desempenhos do algoritmo-PC e GES. Tanto o GES quanto o algoritmo-PC podem ter seus espaços de busca restritos a partir de estimativas, ou hipóteses, iniciais do esqueleto do grafo ou a partir de grafo de independência condicional, como um GGM regularizado. O algoritmo-PC já inicia sua estimação a partir de um grafo GGM, mas um que foi calculado com base em testes de significância, e não em regularização. Para o GES, o uso da restrição invalida as propriedades de convergência do algoritmo (Nandy et al., 2018) sendo, assim, necessário um novo algoritmo com um passo adaptativo. Esse algoritmo híbrido é chamado de GES adaptativamente restrito (*adaptively restricted GES*, ARGES).

Para estimar os GGMs que serão usados para restringir os algoritmos ARGES e algoritmo-PC, será utilizado o pacote GGMncv. Esse pacote tem, atualmente, nove diferentes métodos de regularização de GGMs implementados. O seguinte conjunto de códigos estima os GGMs usando cada um desses métodos, e também estima apenas o esqueleto usando o algoritmo PC-estável:

```
# SK
SK <- pcalg::skeleton(suffStat, indepTest=gaussCItest, alpha=alpha,
                method=”stable”, labels=varNames)
SKP <- {as(SK,’amat’) == 1} * 1
# Atan
Atan <- GGMncv::ggmncv(cor(dataset), n=N, penalty=”atan”)
colnames(Atan$P) <- rownames(Atan$P) <- colnames(dataset)
# Selo
Selo <- GGMncv::ggmncv(cor(dataset), n=N, penalty=”selo”)
colnames(Selo$P) <- rownames(Selo$P) <- colnames(dataset)
# Expo
Expo <- GGMncv::ggmncv(cor(dataset), n=N, penalty=”exp”)
colnames(Expo$P) <- rownames(Expo$P) <- colnames(dataset)
# Loga
Loga <- GGMncv::ggmncv(cor(dataset), n=N, penalty=”log”)
colnames(Loga$P) <- rownames(Loga$P) <- colnames(dataset)
# Sica
Sica <- GGMncv::ggmncv(cor(dataset), n=N, penalty=”sica”)
colnames(Sica$P) <- rownames(Sica$P) <- colnames(dataset)
# Scad
Scad <- GGMncv::ggmncv(cor(dataset), n=N, penalty=”scad”)
colnames(Scad$P) <- rownames(Scad$P) <- colnames(dataset)
# MCP
MCP <- GGMncv::ggmncv(cor(dataset), n=N, penalty=”mcp”)
colnames(MCP$P) <- rownames(MCP$P) <- colnames(dataset)
```

```
# Adap
Adap <- GGMncv::ggmncv(cor(dataset), n=N, penalty="adapt")
colnames(Adap$P) <- rownames(Adap$P) <- colnames(dataset)
# Glasso
Glasso <- GGMncv::ggmncv(cor(dataset), n=N, penalty="lasso")
colnames(Glasso$P) <- rownames(Glasso$P) <- colnames(dataset)
# Penalized graphs
PG <- list(Atan$P, Selo$P, Expo$P, Loga$P, Sica$P,
           Scad$P, MCP$P, Adap$P, Glasso$P, SKP)
```

As duas últimas linhas de código criam uma lista com todos os grafos regularizados estimados, bem como com o esqueleto estimado. Usando um método de iteração, podemos usar o algoritmo-PC e o ARGES para fazer as estimações dos modelos causais, restritos de acordo com os GGMs estimados e com o esqueleto e, em seguida, calcular índices de acurácia para cada método. O seguinte conjunto de comandos realiza essa ação:

```
Penalizados <- sapply(seq_along(PG), function(g) {
##################### PC
PC <- pcalg::pc(suffStat, indepTest=gaussCItest, alpha=alpha,
                fixedGaps=(abs(PG[[g]]) == 0),
                method="stable", labels=varNames)
PCamat <- {as(PC,'amat') == 1} * 1
PCcpdag <- as.matrix(igraph::as_adjacency_matrix(
                igraph::igraph.from.graphNEL(
                pcalg::dag2cpdag(as(t(PCamat), "graphNEL")))))
diag(PCcpdag) <- NA
##################### GES
GES <- ges(score, fixedGaps=(abs(PG[[g]]) == 0),
adaptive="vstructures")
GESamat <- {GES$repr$weight.mat() != 0} * 1
GEScpdag <- as.matrix(igraph::as_adjacency_matrix(
```

```
        igraph::igraph.from.graphNEL(
        pcalg::dag2cpdag(as(t(GESamat), "graphNEL")))))
diag(GEScpdag) <- NA
###################### Ajuste
# Accuracy
PCperf <- TRUEdag == PCcpdag; accPC <- mean(PCperf, na.rm=T)
GESperf <- TRUEdag == GEScpdag; accGES <- mean(GESperf, na.rm=T)
# TPR
tpr1 <- mean(TRUEdag[which(TRUEdag == 1)] == PCcpdag[which(TRUEdag == 1)])
tpr2 <- mean(TRUEdag[which(TRUEdag == 1)] == GEScpdag[which(TRUEdag == 1)])
# TNR
tnr1 <- mean(TRUEdag[which(TRUEdag == 0)] == PCcpdag[which(TRUEdag == 0)])
tnr2 <- mean(TRUEdag[which(TRUEdag == 0)] == GEScpdag[which(TRUEdag == 0)])
# Results
return(c(accPC, accGES, tpr1, tpr2, tnr1, tnr2))
})
rownames(Penalizados) <- c("Acc_PC","Acc_GES","TPR_PC","TPR_GES","TNR_PC","TNR_GES")
colnames(Penalizados) <- c("atan", "selo", "exp", "log", "sica",
"scad", "mcp", "adap", "lasso", "sk")
rbind(original=round(c(accPC, accGES, tpr1, tpr2, tnr1, tnr2),3),
        t(round(Penalizados,3)))
```

Ao executar esses comandos, você irá gerar os resultados apresentados na Tabela 1. É possível observar, ao comparar os resultados em cada coluna, que utilizar os métodos de regularização não pareceram afetar a perfomance dos algoritmos. A única exceção parece ser o método de integração suave de contagem e desvio absoluto (*smooth integration of counting and absolute deviation*, SICA). Esse método teve uma pior performance na acurácia do algoritmo-PC (Acc_PC). É possível que essa queda na acurácia geral se deve pela queda da taxa de verdadeiros positivos (TPR_PC; ou seja, quando se identificou a presença de uma relação causal real), apesar de o algoritmo ter conseguido gerar uma taxa perfeita de descoberta de verdadeiros negativos (TNR_PC; ou seja, quando se identificou a ausência de uma relação causal, bem como a direção correta das relações causais). Também é possível concluir que, neste estudo de caso, o algoritmo GES tem uma performance geral (Acc_GES) pior do que o algoritmo-PC, principalmente por sua taxa de verdadeiros positivos (TPR_GES) ser muito inferior à taxa de verdadeiros positivos do algoritmo-PC.

Tabela 1 - Índices de acurácia para cada modelo estimado.

Modelos	Acc_PC	Acc_GES	TPR_ PC	TPR_ GES	TNR_ PC	TNR_ GES
original	0.946	0.804	0.778	0.444	0.979	0.872
atan	0.946	0.804	0.778	0.444	0.979	0.872
selo	0.946	0.804	0.778	0.444	0.979	0.872
exp	0.946	0.804	0.778	0.444	0.979	0.872
log	0.946	0.804	0.778	0.444	0.979	0.872
sica	0.929	0.804	0.556	0.333	1.000	0.894
scad	0.946	0.804	0.778	0.444	0.979	0.872
mcp	0.946	0.804	0.778	0.444	0.979	0.872
adap	0.946	0.804	0.778	0.444	0.979	0.872
lasso	0.946	0.804	0.778	0.444	0.979	0.872
sk	0.946	0.804	0.778	0.444	0.979	0.872

Nota. Acc_PC, acurácia do algoritmo-PC. Acc_GES, acurácia do GES/ARGES. TPR_PC, taxa de verdadeiros positivos do algoritmo-PC. TPR_GES, taxa de verdadeiros positivos do GES/ARGES. TNR_PC, taxa de verdadeiros negativos do algoritmo-PC. TNR_GES, taxa de verdadeiros negativos do GES/ARGES. atan, penalização *arctangent*. selo, penalização *seamless-*l_0. exp, penalização exponencial. log, penalização logarítmica. sica, penalização *smooth integration of counting and absolute deviation*. scad, penalização *smoothly clipped absolute deviation*. mcp, penalização *minimax concave*. adap, penalização lasso adaptativo. lasso, penalização *least absolute shrinkage and selection operator*. sk, esqueleto estimado com PC-estável.

Considerações Finais

Descoberta de verdadeiras relações causais entre variáveis é uma tarefa árdua e nada trivial. Tradicionalmente nas ciências, as inferências causais foram assumidas como exclusividade de estudos experimentais. Com o tempo, estudos correlacionais longitudinais também começaram a se permitir fazer inferências causais fortemente fundamentadas. Com o advento da teoria causal de Pearl (2009) e com os modelos probabilísticos de redes, permitiu-se que a inferência causal também pudesse ser feita a partir de estudos correlacionais transversais. Apesar de ser necessário seguir uma série de pressupostos e de os métodos não serem infalíveis, certamente se pode concluir que há mais informação em alguns conjuntos de correlações do que apenas aquela de covariação. Espera-se que com este capítulo o leitor que não era familiarizado com a área de inferência causal e nem com modelos probabilísticos de redes tenha se inspirado a se abrir à possibilidade de explorar de forma mais aprofundada os seus dados correlacionais. Por fim, espera-se também que o leitor tenha compreendido que, ao partir da aplicação dos métodos apresentados, o aforismo "correlação não implica em causa" seria mais bem adaptado como "*nem toda* correlação implica em causa".

Referências

Borsboom, D. (2017). A network theory of mental disorders. *World Psychiatry, 16*(1), 5-13. https://doi.org/10.1002/wps.20375

Chartrand, G. (1977). *Introductory graph theory*. Courier Corporation.

Chickering, D. M. (2002). Optimal structure identification with greedy search. *Journal of Machine Learning Research, 3*(Nov), 507-554. https://m.jmlr.org/papers/v3/chickering02b.html

Colombo, D., & Maathuis, M. H. (2014). Order-independent constraint-based causal structure learning. *Journal of Machine Learning Research, 15*(1), 3741-3782. https://w.jmlr.org/papers/v15/colombo14a.html

Cox, D. R., & Wermuth, N. (1993). Linear dependencies represented by chain graphs. *Statistical Science, 8*(3), 204-218. https://www.jstor.org/stable/2245958

Csardi, G., & Nepusz, T. (2006). The igraph software package for complex network research. *InterJournal Complex Systems, 1695*(5), 1-9. http://interjournal.org/manuscript_abstract.php?361100992

Daly, R., & Shen, Q. (2007). Methods to accelerate the learning of bayesian network structures. In *Proceedings of the 2007 UK Workshop on Computational Intelligence.* London Imperial College.

Drton, M., & Perlman, M. D. (2008). A SINful approach to Gaussian graphical model selection. *Journal of Statistical Planning and Inference, 138*(4), 1179-1200. https://doi.org/10.1016/j.jspi.2007.05.035

Epskamp, S., Cramer, A. O., Waldorp, L. J., Schmittmann, V. D., & Borsboom, D. (2012). qgraph: Network visualizations of relationships in psychometric data. *Journal of Statistical Software, 48*(4), 1-18. https://doi.org/10.18637/jss.v048.i04

Franco, V. R., Barros, G. W., Wiberg, M., & Laros, J. A. (2021). *Chain graph reduction into Power Chain Graphs.* https://doi.org/10.31234/osf.io/rw95u

Glymour, C., Scheines, R., Spirtes, P., & Kelly, K. (1987). *Discovering causal structure: Artificial intelligence. philosophy of science, and statistical modeling.* Academic Press.

Glymour, C., Zhang, K., & Spirtes, P. (2019). Review of causal discovery methods based on graphical models. *Frontiers in Genetics, 10*, 1-15. https://doi.org/10.3389/fgene.2019.00524

Javidian, M. A., Valtorta, M., & Jamshidi, P. (2019). Order-independent structure learning of multivariate regression chain graphs. In *International Conference on Scalable Uncertainty Management* (pp. 324-338). Springer, Cham.

Jebara, T. (2012). *Machine learning: discriminative and generative.* Springer.

Kalisch, M., Mächler, M., Colombo, D., Maathuis, M. H., & Bühlmann, P. (2012). Causal inference using graphical models with the R package pcalg. *Journal of Statistical Software, 47*(11), 1-26. https://doi.org/10.18637/jss.v047.i11

Lauritzen, S. L. (1996). *Graphical models.* Clarendon Press.

Le, T. D., Hoang, T., Li, J., Liu, L., Liu, H., & Hu, S. (2016). A fast PC algorithm for high dimensional causal discovery with multi-core PCs. *IEEE/ACM Transactions on Computational Biology and Bioinformatics, 16*(5), 1483-1495. https://doi.org/10.1109/TCBB.2016.2591526

Miller, M. (2011). An overview of the degree/diameter problem for directed, undirected and mixed graphs. In *Proceedings of the 3rd International Workshop on Optimal Networks Topologies IWONT 2010* (pp. 335-345). Iniciativa Digital Politècnica.

Nandy, P., Hauser, A., & Maathuis, M. H. (2018). High-dimensional consistency in score-based and hybrid structure learning. *The Annals of Statistics, 46*(6A), 3151-3183. https://www.jstor.org/stable/26542900

Papineau, D. (1991). Correlations and causes. *The British Journal for the Philosophy of Science, 42*(3), 397-412. https://www.jstor.org/stable/687916

Pearl, J. (2009). *Causality*. Cambridge University Press.

R Core Team (2022). R: A language and environment for statistical computing. R Foundation for Statistical Computing, Vienna, Austria. URL http://www.R-project.org/.

Rohrer, J. M. (2018). Thinking clearly about correlations and causation: Graphical causal models for observational data. *Advances in Methods and Practices in Psychological Science, 1*(1), 27-42. https://doi.org/10.1177%2F2515245917745629

Russell, S. J., & Norvig, P. (2009). *Artificial intelligence: A modern approach*. Prentice Hall.

Schwarz, G. (1978). Estimating the dimension of a model. *The Annals of Statistics, 6*(2), 461-464. https://www.jstor.org/stable/2958889

Sonntag, D., & Pena, J. M. (2016). On expressiveness of the chain graph interpretations. *International Journal of Approximate Reasoning, 68*, 91-107. https://doi.org/10.1016/j.ijar.2015.07.009

Spirtes, P. (2001). An anytime algorithm for causal inference. In *International Workshop on Artificial Intelligence and Statistics* (pp. 278-285). PMLR.

Spirtes, P., Glymour, C. N., Scheines, R., & Heckerman, D. (2000). *Causation, prediction, and search*. MIT Press.

Tsamardinos, I., Aliferis, C. F., Statnikov, A. R., & Statnikov, E. (2003). Algorithms for large scale Markov blanket discovery. In *FLAIRS Conference* (Vol. 2, pp. 376-380).

Van der Maas, H. L., Dolan, C. V., Grasman, R. P., Wicherts, J. M., Huizenga, H. M., & Raijmakers, M. E. (2006). A dynamical model of general intelligence: The positive manifold of intelligence by mutualism. *Psychological Review, 113*(4), 842-861. https://doi.org/10.1037/0033-295X.113.4.842

Williams, D. R. (2020). GGMncv: Nonconvex penalized Gaussian Graphical Models in R. https://doi.org/10.31234/osf.io/6jz5m

Xu, S., Jia, B., & Liang, F. (2019). Learning moral graphs in construction of high-dimensional Bayesian networks for mixed data. *Neural Computation, 31*(6), 1183-1214. https://doi.org/10.1162/neco_a_01190

Análise de rede aplicada às competências socioemocionais: evidências empíricas com resultados de crianças e adolescentes

Luis Anunciação
Louise do Nascimento Marques
Lucas Barrozo de Andrade
Ana Clara Capistrano Soares
Anna Portugal
J. Landeira-Fernandez
Denise Cavalini
Grupo Colégio Crescer e Escola da Inteligência

Objetivos

- Discutir aspectos teóricos relacionados às competências socioemocionais.
- Apresentar os resultados empíricos de um programa escolar implementado para desenvolver competências socioemocionais.
- Apresentar e discutir modelos de análise de rede relacionados às competências socioemocionais.

Introdução

O interesse em medir fenômenos psicológicos tem uma longa data em Psicologia, sendo até mesmo difícil precisar seu momento de início (Bollen, 2002). Essa iniciativa tem gerado um ambiente colaborativo, em que teorias psicológicas, modelos estatísticos e necessidades sociais encontram um canal privilegiado de estudo e pesquisa (Wijsen & Borsboom, 2021).

Entre esta área de interseção, o desenvolvimento de instrumentos que permitam capturar competências socioemocionais, bem como a utilização de modelos estatísticos contemporâneos para avaliar tais competências, têm despertado grande atenção acadêmica. Entre as razões, um conjunto acumulado de evidências tem indicado que as habilidades socioemocionais produzem comportamentos positivos e saudáveis entre pares, diminuem comportamentos de risco, bem como podem potencializar o sucesso tanto em ambiente acadêmico como profissional (Domitrovich et al., 2017).

Este trabalho tem como objetivo discutir aspectos teóricos relacionados às competências socioemocionais, bem como apresentar os resultados empíricos de um programa escolar implementado para desenvolver ou potencializar tais competências em crianças e adolescentes entre 9 e 13 anos. As primeiras seções apresentarão o tema e o ambiente teórico em que as competências socioemocionais e as análises de rede estão enquadradas, enquanto a segunda seção discutirá os achados empíricos.

Competências socioemocionais

O desenvolvimento humano é um processo dinâmico, contínuo, progressivo e composto de marcadores cognitivos, comportamentais e socioemocionais. Este processo é interconectado com a apresentação destes marcadores, mas também com particularidades individuais, influência do contexto e outros (Lerner, Liben & Mueller, 2015). Entre estes aspectos que compõem o desenvolvimento, as competências socioemocionais têm sido alvo de intensa investigação por pesquisadores nos últimos anos, principalmente a partir da década de 1990 (Fernández-Berrocal & Extremera, 2006).

Desta maneira, as discussões deste conceito são mais recentes e envolvem aspectos como o fato de haver múltiplas definições coexistentes para competências socioemocionais, até quais habilidades devem ser consideradas dentro do conjunto. De igual forma, são discutidas as habilidades que devem ser consideradas como competências e os potenciais locais que possam verificar sua adequação ou possível disfunção, como o contexto clínico ou escolar (Domitrovich et al., 2017).

Apesar de a definição conceitual destas competências variar a partir da interpretação dos autores, elas tendem a ser definidas como um construto multidimensional, composto por habilidades cognitivas, emocionais e comportamentais. Entre as primeiras, há fenômenos como velocidade de processamento e memória. Em relação às competências emocionais, construtos como como autoconhecimento, e, finalmente, em relação às competências comportamentais, tomada de decisões responsáveis estão presentes (Weissberg et al., 2015).

Duas correntes teóricas podem ser destacadas: a perspectiva de Salovey e Mayer (1990) e a de Bar-On (1997) e outros autores (Macêdo, J., Silva, A, 2020). As duas teorias utilizam a terminologia de inteligência socioemocional. A primeira teoria relaciona o conceito como a capacidade de perceber suas próprias emoções e as dos outros. Por sua vez, a segunda perspectiva apresenta que o conceito se refere a um conjunto de habilidades pessoais, emocionais e sociais, que auxiliam o indivíduo diante de demandas cotidianas (Bar-On, R., 1997; Bar-On, R., 2016). Apesar das diferenças teóricas, pode-se observar que o conceito de competências socioemocionais envolve um conjunto de habilidades que auxiliam, principalmente, na capacidade de percepção inter e intrapessoal das emoções e comportamentos.

O desenvolvimento de competências socioemocionais é essencial para a qualidade de vida do indivíduo e bem-estar, auxiliando no desempenho cognitivo, em aspectos escolares, familiares e futuramente profissionais (Berk, 2012; Chen et al., 2018; Oliveira & Muszkat, 2021). Dessa forma, com objetivo de compreender a amplitude do desenvolvimento infantil em seus diversos níveis, é necessário considerar e avaliar os efeitos das habilidades socioemocionais no desenvolvimento. A partir da importância de considerar os aspectos socioemocionais no processo de desenvolvimento, nos últimos anos, além da elaboração de pesquisas, diversas instituições, principalmente envolvidas com o âmbito escolar, têm proposto programas de intervenção que estimulem o desenvolvimento das Css.

Entre as instituições que têm apresentado programas de intervenção de habilidades socioemocionais, no contexto internacional se destaca a atuação do grupo *Collaborative for Academic, Social, and Emotional Learning* (CASEL). O grupo tem como principal objetivo estimular o desenvolvimento de programas e aplicação destes, que estimulem competências socioemocionais nas escolas, desde do período da infância até a adolescência.

No ano 2020, o grupo CASEL atualizou sua lista de competências socioemocionais a serem trabalhadas pelos programas que utilizam sua metodologia. Eles destacam cinco domínios inter-relacionados: autoconhecimento, autogerenciamento, consciência social, habilidades de relacionamento e tomada de decisão responsável. Estas competências são apresentadas e definidas na Tabela 1. Dessa forma, a partir da metodologia do grupo, as escolas podem criar programas ou disciplinas que estimulem o desenvolvimento destas habilidades, adaptando-as para seu contexto, e consequentemente auxiliar em capacidades como sucesso acadêmico, bem-estar dos estudantes e no engajamento com a escola (CASEL, 2020).

Tabela 1 – Domínios socioemocionais e seus respectivos conceitos (CASEL, 2020)

1. Autoconhecimento	Refere-se à capacidade de reconhecer suas próprias emoções, pensamentos e valores e também das outras pessoas, e como pode influenciar os outros.
2. Autogerenciamento	Envolve a capacidade de autocontrole das próprias emoções, pensamentos e comportamentos diante de situações específicas e a lidar com adiamento de gratificação.
3. Consciência social	É compreender as perspectivas de outras pessoas e demonstrar empatia e compaixão.
4. Habilidades de relacionamento	São as habilidades de criar e manter um relacionamento saudável com outros indivíduos e grupos. Apresentando formas de comunicação efetivas.
5. Tomada de decisão responsável	Envolve a habilidade de realizar escolhas construtivas em diversas situações, por exemplo, interações sociais.

No contexto brasileiro, a discussão sobre o conceito de competências socioemocionais apenas recentemente começou a ser discutida, principalmente na aplicação no contexto escolar. Em 2017, foi apresentada uma proposta de alteração da Base Nacional Comum Curricular (BNCC), estabelecendo o ensino obrigatório de competências socioemocionais no âmbito nacional, tanto em escolas privadas como em públicas (Brasil, 2017).

Essa demanda legislativa sinalizou a importância da aprendizagem destas habilidades no contexto escolar, indicando que o desenvolvimento do indivíduo não depende apenas do conjunto de matérias que, tradicionalmente, compõem o currículo acadêmico, mas também de competências socioemocionais. A elaboração de disciplinas e programas para aprendizagem e compreensão destas competências começou a ser feita, bem como formas de verificar a efetividade de tais estratégias ganharam maior atenção. Nesse sentido, o desenvolvimento de instrumentos psicológicos capazes de mapear competências socioemocionais tem gerado uma demanda importante na ciência, especialmente por se mostrarem como uma possibilidade de verificar não apenas a efetividade das estratégias, mas também das competências emocionais de estudantes e outros alunos inseridos nesses programas mais recentes.

A análise de rede e sua aplicação em Psicometria

Instrumentos psicológicos são ferramentas que auxiliam a mapear características psicológicas a partir de respostas dadas a seus estímulos. Apesar de esses estímulos poderem ter diferentes formatos (por exemplo, visual ou auditivo; estruturado ou não), com muita frequência os instrumentos adotam o formato de frases objetivas (itens), em que o participante é instruído a lê-las atentamente e indicar o quanto se identifica ou concorda com ela em uma escala gradual.

Existem diferentes procedimentos estatísticos para verificar se a estrutura interna do instrumento é aderente à função psicológica que ele visa medir. Essas técnicas são vitais em Psicologia, uma vez que qualquer que seja a conclusão da função psicológica de um determinado participante, típica ou disfuncional, só pode ser adequadamente obtida se houver segurança que o instrumento está medindo o que se propõe (*American Educational Research Association* et al., 2014).

Tradicionalmente, procedimentos como Análise de Componentes Principais (ACP), Análise Fatorial Exploratória (AFE) e Teoria de Resposta ao Item (TRI) são conduzidos para a estrutura interna do instrumento (Fabrigar et al., 1999). Apesar de bem consolidadas em Psicometria, diferentes críticas também estão presentes na literatura específica, sejam elas substanciais ou metodológicas. Entre as substanciais, há desde aqueles que defendem que procedimentos estatísticos são inadequados à avaliação de competências subjetivas, àqueles que argumentam que a definição conceitual dos fenômenos psicológicos é ainda bastante incipiente. Entre as metodológicas, questionamentos em relação à modelagem estatística, formato matricial da correlação dos itens e maneira de rotações algébricas tendem a estar presentes (Goretzko et al., 2021).

A despeito destas condições, a Análise de Redes tem recebido uma atenção maior, e mais recente em Psicometria. Modelos estatísticos baseados em redes surgem como candidatos para verificar não apenas a estrutura interna de um instrumento psicológico, mas também os processos cognitivos e afetivos dos respondentes (Schmittmann et al., 2013; van der Maas et al., 2006).

Esses modelos apresentam um conjunto de termos e conceitos que merecem um maior aprofundamento, como exposto na Figura 1.

Figura 1 – Elementos básicos de um modelo de rede

Nós	Arestas	Grupos
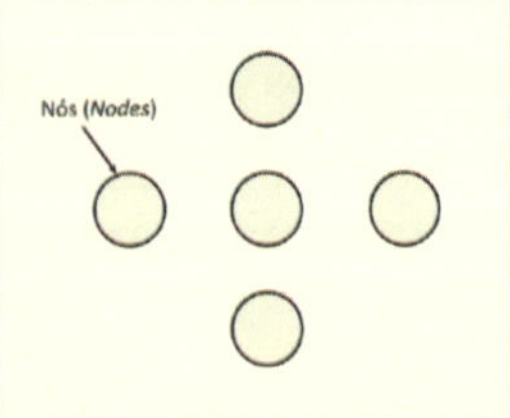	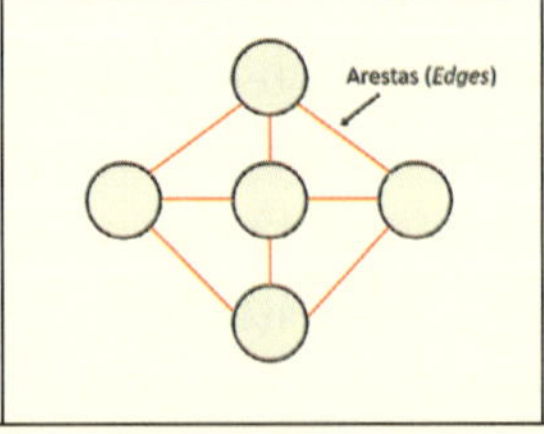	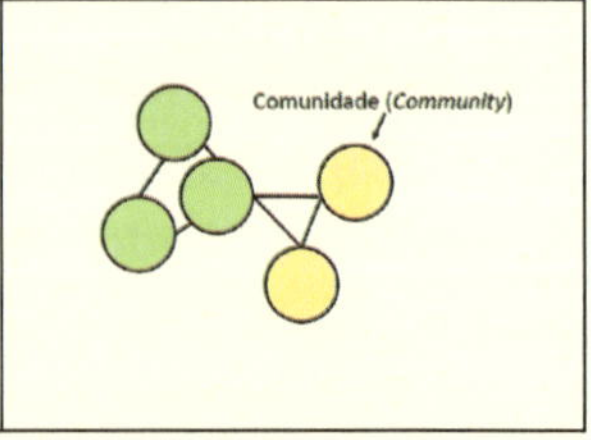

Os objetos são os nós (ou vértices) da rede. Eles podem ser pessoas, locais, fábricas etc. Em Psicometria, com muita frequência, os itens de um instrumento são os nós da rede. As arestas indicam o relacionamento entre os nós. Como exemplo, a força (quantidade) da amizade ou contato entre pessoas, o fluxo migratório entre países ou a correlação parcial entre as respostas dadas aos itens de um instrumento.

As comunidades (Grupos) é um conjunto de nós fortemente conectado. Estas comunidades podem ser formadas por pessoas com interesses e afinidades comuns, grupos formados por escolaridades próximas, indivíduos com orientações políticas similares ou características psicológicas.

Método

Participantes

Participaram desta pesquisa 317 estudantes. Do grupo amostral, 157 eram do sexo feminino (49,5%) e 160 (50,5%) eram do sexo masculino. A idade média foi de 11,2 anos (DP = 2,1) e os estudantes estavam matriculados entre o 3° e o 9° ano do ensino fundamental.

Instrumento

Para medir as competências socioemocionais, foi desenvolvida uma bateria composta por 8 questionários de autorrelato e 48 itens. Cada questionário foi composto por 6 itens desenvolvidos para medir cada competência específica. O instrumento foi desenvolvido apenas com suporte teórico, o que indica que a quantidade de competências não recebeu estudo psicométrico prévio.

(1) Questionário de Autoconhecimento. Este questionário visa medir a capacidade da criança de reconhecer as próprias emoções, pensamentos, valores e comportamentos. O questionário apresentou consistência interna adequada ($\alpha = 0{,}82$).

(2) Questionário de Gestão do Pensamento e Emoções. Este questionário visa avaliar a habilidade da criança de gerenciar suas emoções e pensamentos, sendo capaz de regular seus comportamentos em diferentes situações e contexto. Este questionário apresentou evidência de consistência interna adequada ($\alpha = 0{,}91$).

(3) Questionário de Tomada de Decisão Responsável. Busca mapear escolhas construtivas sobre o comportamento pessoal, social e familiar. O questionário apresentou consistência interna adequada ($\alpha = 0,90$).

(4) Questionário de Consciência Social. Visa avaliar a capacidade da criança de exercer empatia e valorizar diferentes culturas e vivências. O questionário apresentou índices adequados de consistência interna ($\alpha = 0,87$).

(5) Questionário de Relacionamento Interpessoal. Visa medir competências relacionadas às habilidades da criança de manter relacionamentos saudáveis consigo e com diversos grupos e indivíduos. O questionário apresentou consistência interna adequada ($\alpha = 0,76$)

(6) Questionário de Pensamento Criativo. Busca avaliar as habilidades de desenvolver novas conexões e *insights* a partir de informações prévias, bem como conceber soluções inovadoras e adequadas para as situações apresentadas. O questionário apresentou consistência interna adequada ($\alpha = 0,92$).

(7) Questionário de Determinação. Visa medir comportamentos direcionados à organização, perseverança, dedicação, esforço, compromisso, controle e motivação em direção a um objetivo. O questionário apresentou consistência interna adequada ($\alpha = 0,77$).

(8) Questionário de Liderança, que objetiva medir o quanto a criança consegue liderar, influenciar inspirar e engajar pessoas de forma positiva, direcionado a um objetivo comum. O questionário apresentou consistência interna adequada ($\alpha = 0,74$).

Análises

Inicialmente, os dados foram exaustivamente verificados para determinar sua adequação estatística e computacional. Estatísticas descritivas foram utilizadas para identificar tanto a posição como a dispersão dos resultados. Análises da Teoria Clássica dos Testes

(Coeficiente Alfa de Cronbach, Correlação item-total) foram executadas para investigar a consistência interna da medida.

A análise dimensional exploratória dos dados foi feita considerando os itens como variáveis categóricas e com estimação de comunidades via algoritmo spinglass (Smith et al., 2020; Yang et al., 2016). Técnicas de reamostragens paramétricas ou não incluindo 500 repetições foram feitas, e os modelos GLASSO e TMFG foram computados e comparados.

O emprego de correlação parcial indica o relacionamento bivariado após o controle dos efeitos de todas as outras variáveis presentes no conjunto de dados. As análises foram realizadas no programa estatístico R 4.0, com apoio dos pacotes psych, igraph e EGAnet.

Resultados

Cada um dos 42 itens teve medidas descritivas computadas, bem como seu relacionamento com o total e o Coeficiente Alfa de Cronbach, caso o item fosse deletado. De maneira geral, a maioria dos itens foi fortemente endossada, apresentando médias elevadas.

O Alfa de Cronbach do instrumento como um todo foi de 0,95, indicando alta consistência interna. Tal resultado sugere que os itens apresentam conteúdo adequado aos componentes teóricos que propõem avaliar. Nenhum item, se deletado, tornava este valor ainda maior. A Tabela 2 apresenta estes resultados.

Tabela 2 – Resultados descritivos e da Teoria Clássica dos Testes

Sigla do item	Média	DP	Correlação	Alfa se deletado
a2_r4	3,68	1,11	0,62	0,95
a2_r5	4,05	1,02	0,58	0,95
a2_r14	3,65	1,10	0,61	0,95
a2_r10	3,79	1,05	0,59	0,95
a2_r11	4,03	0,90	0,57	0,95
a2_r8	3,75	1,17	0,49	0,95
g1_r11	3,29	1,27	0,62	0,95

Sigla do item	Média	DP	Correlação	Alfa se deletado
g1_r6	3,99	1,12	0,64	0,95
g2_r6	3,39	1,24	0,65	0,95
g2_r3	3,41	1,23	0,64	0,95
g1_r12	3,80	1,14	0,63	0,95
g2_r2	3,38	1,12	0,62	0,95
t1_r14	3,89	0,82	0,54	0,95
t2_r1	3,97	0,97	0,58	0,95
t2_r8	4,07	0,90	0,57	0,95
t2_r11	4,10	0,86	0,45	0,95
t1_r15	4,34	0,74	0,61	0,95
t2_r10	3,80	1,06	0,48	0,95
c2_r5	4,35	0,76	0,57	0,95
c2_r12	4,34	0,76	0,55	0,95
c2_r2	4,26	0,86	0,50	0,95
c1_r15	4,44	0,74	0,57	0,95
c2_r13	4,35	0,79	0,45	0,95
c2_r4	4,18	0,93	0,43	0,95
r1_r1	4,41	0,93	0,52	0,95
r1_r11	4,14	1,10	0,50	0,95
r1_r2	3,90	1,19	0,45	0,95
r1_r3	4,39	0,73	0,53	0,95
r1_r8	3,95	1,08	0,57	0,95
r2_r7	4,02	1,10	0,59	0,95
p1_r13	3,85	1,01	0,59	0,95
p1_r1	3,78	1,17	0,55	0,95
p1_r8	3,94	0,92	0,62	0,95
p1_r15	3,92	1,12	0,47	0,95
p2_r2	3,82	1,00	0,58	0,95
p1_r10	3,95	0,98	0,57	0,95

Sigla do item	Média	DP	Correlação	Alfa se deletado
d1_r2	3,88	0,96	0,63	0,95
d2_r13	3,99	0,96	0,63	0,95
d1_r3	4,08	0,86	0,50	0,95
d1_r4	3,93	1,00	0,55	0,95
d2_r12	3,84	1,00	0,54	0,95
d2_r15	3,58	1,30	0,60	0,95
l1_r3	3,78	0,94	0,43	0,95
l1_r6	4,15	0,94	0,44	0,95
l2_r15	4,10	1,07	0,44	0,95
l1_r13	3,93	1,08	0,55	0,95
l1_r4	4,00	0,92	0,43	0,95
l2_r6	4,10	0,94	0,46	0,95
Coeficiente Alfa	0,95 (0,94-0,96)			
Correlação média	0,28			

Nota: O conteúdo dos itens não foi apresenatdo em função de direitos autorais

Os resultados da análise de rede indicaram modelos bem ajustados e fortemente conectados por 6 ou 7 comunidades. Isso se deu em função dos ajustes estatísticos e de reamostragem definidos aos modelos. O modelo desenvolvido pelo método glasso, com o algoritmo Walktrap, indicou 6 grupos, tal como destacado na Figura 2.

Figura 2 - Modelo 1 de análise com 6 grupos

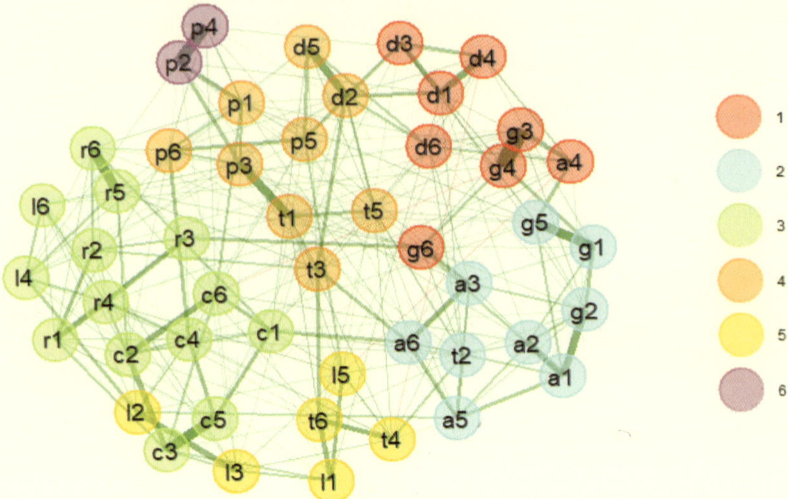

Nota: a = itens da competência autoconhecimento, g = itens da competência gestão dos pensamentos e das emoções, t = itens da competência tomada de decisão responsável, c = itens da competência consciência social, r = itens da competência relacionamento interpessoal, p = itens da competência pensamento criativo, d = itens da competência determinação, l = itens da competência liderança.

A confirmação desta estrutura se deu pelo emprego de rotinas de *bootstrapping* paramétrico e não paramétrico para avaliar a estabilidade e acurácia dos resultados. Ambos os resultados convergiram em uma estrutura em que 7 comunidades se mostraram presentes.

Figura 3 - Modelo 2 de análise com 7 grupos

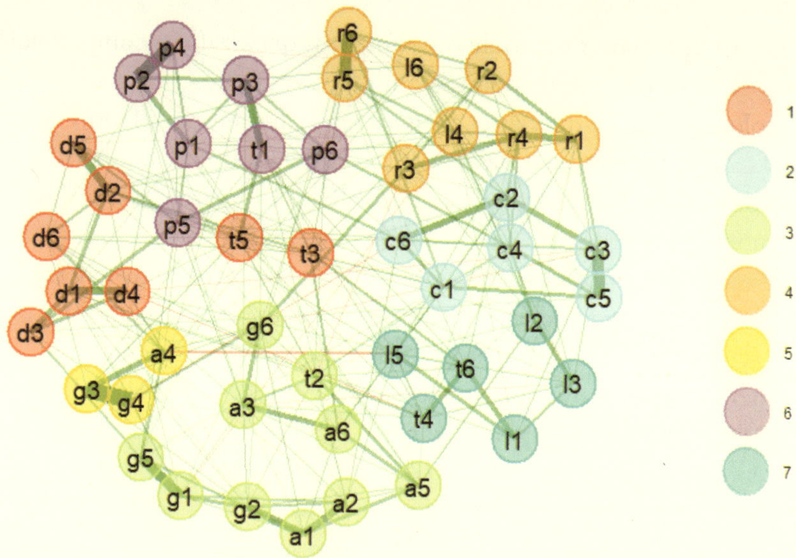

Nota: a = itens da competência autoconhecimento, g = itens da competência gestão dos pensamentos e das emoções, t = itens da competência tomada de decisão responsável, c = itens da competência consciência social, r = itens da competência relacionamento interpessoal, p = itens da competência pensamento criativo, d = itens da competência determinação, l = itens da competência liderança.

A partir da comparação entre os resultados encontrados nos dois métodos utilizados na detecção de comunidades, foi possível verificar que alguns itens se agruparam em ambos os modelos (figuras 2 e 3). Pode-se destacar três exemplos principais de comunidades com itens semelhantes presentes nos dois modelos.

Os itens referentes à competência de determinação compuseram, majoritariamente, a primeira comunidade em ambos os modelos. Igualmente, todos itens de consciência social compuseram a terceira e a segunda comunidade, presentes em ambos os modelos. Os itens da competência de autoconhecimento foram apresentados nos dois modelos de análise, respectivamente na segunda e terceira comunidade.

De forma geral, os resultados indicaram presença de correlações parciais moderadas entre itens de uma mesma competência. Além disso, é possível observar correlações entre os domínios analisados, através do agrupamento de itens de competências diferentes.

Discussão

O desenvolvimento de instrumentos que avaliem competências socioemocionais tem despertado o interesse acadêmico não apenas em Psicologia, mas em diferentes áreas sociais, educacionais (Domitrovich et al., 2017; Fernández-Berrocal & Extremera, 2006) e também legislativo, visto a reformulação feita na BNCC. Em paralelo, a utilização de modelos de rede para avaliar fenômenos psicológicos tem sido uma atual tendência na modelagem psicométrica e estatística de fenômenos latentes (Schmittmann et al., 2013). Isso posto, este trabalho discutiu o construto de competências socioemocionais, bem como trouxe as primeiras evidências empíricas de um programa escolar implementado para desenvolver ou potencializar tais habilidades em crianças e adolescentes a partir de um modelo de rede.

Os principais desfechos desta pesquisa foram os seguintes: (1) As competências socioemocionais se apresentam de forma multidimensional, mas intensamente interconectadas; (2) Os modelos de rede evidenciaram que, em maioria, os itens de cada questionário foram significativamente correlacionados entre si; (3) Houve uma convergência parcial entre o modelo teórico com os resultados do modelos de análise de rede; e (4) Os modelos de rede implementados nesta pesquisa evidenciaram serem ferramentas estatísticas interessantes para compreender os construtos teóricos analisados.

Em síntese, apesar de o conceito de competências socioemocionais ser complexo, há grande concordância de que tais competências atuem em conjunto e de maneira inter-relacionadas (Collaborative for Academic, Social, and Emotional Learning, 2005; Durlak et al., 2011). Os resultados encontrados neste estudo reforçaram este aspecto. A presença de correlação entre todos os itens da competência, mas também entre todas as comunidades vão nesta direção.

Além disso, o modelo teórico inicial assumia 8 questionários diferentes para acessar uma competência socioemocional específica. Por sua vez, os modelos alcançados nas análises de rede mostraram-se parcialmente congruentes. É possível observar que, de forma geral, as comunidades englobaram itens da mesma competência socioemocional. Dessa forma, o método de detecção de comunidade utilizado reforçou aspectos teóricos existentes entre os itens e suas competências. Esse resultado é importante, já que auxilia a concluir que o instrumento mede diferentes habilidades, mas que, ainda assim, conectadas em um modelo de rede.

Apesar dos avanços, este estudo também traz limitações. Como exposto, a definição do conceito tem se revelado um atual desafio em Psicologia e áreas próximas. Neste sentido, é importante destacar que, se a definição de competências socioemocionais fosse algo distinta, muito provavelmente os resultados também se mostrariam díspares aos encontros. Finalmente, há ainda alguma instabilidade em relação aos modelos de rede em Psicologia (Forbes et al., 2017), situação que foi parcialmente contornada pela utilização de técnicas de *bootstrapping*.

Finalmente, o estudo das competências socioemocionais tem recebido uma atenção privilegiada da busca científica e profissional não apenas em Psicologia, mas também em áreas educacionais, trabalhistas e sociais. Este estudo e os resultados aqui alcançados oferecem evidências iniciais sobre como o processo de medida deste fenômeno pode ocorrer, bem como demonstram a conexão teórica e técnica entre aspectos psicológicos e modelos estatísticos e psicométricos. Novos estudos já estão em andamento visando explorar o efeito de características sociodemográficas nos resultados obtidos.

Referências

American Educational Research Association, American Psychological Association, National Council on Measurement in Education, Joint Committee on Standards for Educational and Psychological Testing (U.S.). (2014). Standards for Educational and Psychological Testing. American Educational Research Association.

Bollen, K. A. (2002). Latent variables in psychology and the social sciences. Annual Review of Psychology, 53(1), 605-634. https://doi.org/10.1146/annurev.psych.53.100901.135239

Domitrovich, C. E., Durlak, J. A., Staley, K. C., & Weissberg, R. P. (2017). Social-emotional competence: An essential factor for promoting positive adjustment and reducing risk in school children. Child Development, 88(2), 408-416. https://doi.org/10.1111/cdev.12739

Fabrigar, L. R., Wegener, D. T., MacCallum, R. C., & Strahan, E. J. (1999). Evaluating the use of exploratory factor analysis in psychological research. Psychological Methods, 4(3), 272-299. https://doi.org/10.1037/1082-989X.4.3.272

Fernández-Berrocal, P., & Extremera, N. (2006). Emotional intelligence: A theoretical and empirical review of its first 15 years of history. Psicothema, 18, 7-12. https://www.redalyc.org/pdf/727/72709502.pdf

Forbes, M. K., Wright, A. G. C., Markon, K. E., & Krueger, R. F. (2017). Evidence that psychopathology symptom networks have limited replicability. Journal of Abnormal Psychology, 126(7), 969-988. https://doi.org/10.1037/abn0000276

Goretzko, D., Pham, T.T.H. & Bühner, M. Exploratory factor analysis: Current use, methodological developments and recommendations for good practice. Curr Psychol 40, 3510-3521 (2021). https://doi.org/10.1007/s12144-019-00300-2

Schmittmann, V. D., Cramer, A. O., Waldorp, L. J., Epskamp, S., Kievit, R. A., & Borsboom, D. (2013). Deconstructing the construct: A network perspective on psychological phenomena. New Ideas in Psychology, 31(1), 43-53. https://doi.org/10.1016/j.newideapsych.2011.02.007

Smith, N. R., Zivich, P. N., Frerichs, L. M., Moody, J., & Aiello, A. E. (2020). A guide for choosing community detection algorithms in social network studies: The question alignment approach. American Journal of Preventive Medicine, 59(4), 597-605. https://doi.org/10.1016/j.amepre.2020.04.015

Wijsen, L. D., Borsboom, D. Perspectives on Psychometrics Interviews with 20 Past Psychometric Society Presidents. Psychometrika 86, 327-343 (2021). https://doi.org/10.1007/s11336-021-09752-7

Yang, Z., Algesheimer, R. & Tessone, C. A Comparative Analysis of Community Detection Algorithms on Artificial Networks. Sci Rep 6, 30750 (2016). https://doi.org/10.1038/srep30750

Os autores

Organizadores

Alessandro Vieira dos Reis

Bacharel em Psicologia e Mestre em Design de Interação (UFSC). Cientista de dados interessado em áreas inovadoras da Psicometria, como a Análise de Redes e aplicações com Inteligência Artificial. Atua no mercado privado desde 2005, relacionando Psicologia, pesquisa quantitativa e soluções digitais.
ORCID: https://orcid.org/0000-0002-2581-492X

Roberto Moraes Cruz

Psicólogo, Doutor em Engenharia de Produção (UFSC-CNAM), Pós-doutorado em Métodos e Diagnóstico em Psicologia e em Epidemiologia. Professor e pesquisador do Departamento e do Programa de Pós-Graduação em Psicologia da Universidade Federal de Santa Catarina nas linhas de pesquisa: a) Adaptação e construção de técnicas e instrumentos psicométricos; b) Bioestatística e Epidemiologia aplicadas à Psicologia; c) Fatores humanos em ambientes isolados, confinados e extremos. Autor de livros, instrumentos de medida e artigos nacionais e internacionais no campo da avaliação e medidas psicológicas. Bolsista produtividade do CNPq e Editor-chefe da *Revista Psicologia: Organizações e Trabalho*. Coordenador do Laboratório Fator Humano (UFSC) e membro do Núcleo de Neuropsicologia e Saúde do Hospital Universitário da UFSC.
ORCID: https://orcid.org/0000-0003-4671-3498

Colaboradores

Alex Bacadini França

Pós-Doutorando no Departamento de Psicologia da Universidade Federal de São Carlos (UFSCar) em Comportamento Social e Processos Cognitivos. Pesquisador visitante na *The Open University*, Reino Unido. Doutor e Mestre em Psicologia pela UFSCar com estágio sanduíche na Faculdade de Psicologia da Universidade do Porto (Portugal), com foco em análise quantitativa de dados aplicados à Psicologia e Educação. Atua com análise multivariada de dados aplicados à Psicologia.
ORCID: https://orcid.org/0000-0001-9602-9294

Ana Clara Capistrano Soares

Estudante de graduação de Psicologia na Pontifícia Universidade Católica do Rio de Janeiro (PUC-Rio), com iniciação científica no laboratório de análise de dados e experiência como auxiliar de docência nas disciplinas de Métodos Quantitativos e Estatística no Departamento de Psicologia da PUC-Rio. Trainee na empresa ANOVA, com foco em pesquisa, análise de dados, psicometria e avaliação psicológica. Possui experiência em pesquisa, principalmente nas áreas de Neuropsicologia e Bompetências Socioemocionais. Integra uma equipe especializada no desenvolvimento de instrumentos e medidas psicológicas.

Anna Portugal

Doutora em Fisiologia (Programa de Pós-Graduação em Ciências Biomédicas Fisiologia/Farmacologia) pela Universidade Federal Fluminense (UFF) e Psicóloga pela mesma universidade. Tem experiência na área de fisiologia, com ênfase em psicofisiologia do comportamento humano, atuando principalmente nos temas: Atenção, Funções Executivas e Tempo de Reação Manual. Atualmente, é colaboradora da ANOVA e do Instituto Brasileiro de Neuropsicologia e Ciências Cognitivas (IBNeuro) no Rio de Janeiro. Professora substituta na Universidade Federal do Rio de Janeiro (UFRJ), nas disciplinas de Pesquisa Qualitativa, Pesquisa Quantitativa, Ética Profissional, Técnicas Psicológicas II e Tratamento de Dados. Na clínica, atua com Avaliação Neuropsicológica com crianças, adultos e idosos.

Clarissa Trzesniak

Bacharel em Psicologia, Mestre e Doutora em Ciências pela Universidade de São Paulo (USP). Estágio de doutorado sanduíche no *Institute of Psychiatry (IoP) / King's College*, Londres, Reino Unido. Pós-doutorado em Fatores Humanos e Usabilidade pela Universidade Federal de Itajubá (Unifei). Professora na Faculdade de Medicina de Itajubá (FMIT). Tem experiência na área de Pesquisa em Neuropsiquiatria, Qualidade de Vida, Saúde Mental e Fatores Humanos.
ORCID: https://orcid.org/0000-0002-7552-9959

Daniel Ruivo Marques

Licenciado e Mestre em Psicologia (Psicologia Clínica e da Saúde) pela Faculdade de Psicologia e de Ciências da Educação da Universidade de Coimbra (Portugal). Doutor em Psicologia pela Universidade de Aveiro (Portugal). Professor Auxiliar Convidado no Departamento de Educação e Psicologia da Universidade de Aveiro (Portugal). Investigador Integrado do Centro de Investigação em Neuropsicologia e Intervenção Cognitivo-Comportamental (CINEICC) da Faculdade de Psicologia e de Ciências da Educação da Universidade de Coimbra (Portugal). Autor de diversos artigos científicos em revistas internacionais com fator de impacto e revisor *ad hoc* em diversas revistas científicas nas áreas da Psicologia, Psiquiatria e Neurociências. Principais áreas de interesse e investigação: Medicina do Sono, Psicopatologia, Terapias Cognitivo-comportamentais, Neuropsicologia, Psicometria e Desenvolvimento e Adaptação de instrumentos de avaliação psicológica.
ORCID: https://orcid.org/0000-0003-3729-0120

Denise Cavalini

Pedagoga e Psicanalista em formação. É coautora de todos os materiais didático pedagógicos, físicos e audiovisuais do Programa Escola da Inteligência e mais de 70 cursos em Gestão da Emoção, Saúde emocional, Relacionamentos e Conflitos, Excelência Profissional etc. Habilitada e especialista nas cinco áreas da Educação Especial e na Inteligência Multifocal. Possui 32 anos de experiência na Educação, tendo atuado como Diretora Municipal da Educação Infantil, Coordenadora, Mediadora EAD, Professora da Educação Especial (22 anos em sala de aula), e da Educação Infantil ao Ensino Superior.

Gerson Hiroshi Yoshinari Júnior

Professor da Faculdade de Medicina de Itajubá (FMIT) e Coordenador do Núcleo de Inovação Acadêmica. Formado em Engenharia de Controle e Automação pela Universidade Federal de Itajubá (Unifei). Formado em Medicina pela Faculdade de Medicina de Ribeirão Preto (FMRP – USP). Especialista em Radioterapia pelo Hospital de Clínica de Ribeirão Preto da FMRP – USP. Doutor em Oncologia Clínica, Células-Tronco e Terapia Celular pela FMRP-USP. Pós-doutorando em Sistemas de Inteligência Artificial aplicados à medicina pela Universidade Federal de Itajubá (Unifei). Tem experiência na área de modelagem de sistema biológicos em medicina. ORCID: https://orcid.org/0000-0001-5837-5743

Josué Lima Lopes

Físico e empresário com Mestrado em Simulações de Teorias de Campos Estatísticos para Sistemas Magnéticos. Possui experiência com desenvolvimento de inteligência artificial para o mercado de energia elétrica, principalmente em análise de riscos contratuais no mercado livre de energia. Atualmente atua como presidente da Lima Brain, uma *startup* de tecnologia com foco em inovação utilizando-se de conhecimentos avançados em ciências, matemática e computação científica.

J. Landeira-Fernandez

Psicólogo pela PUC-Rio, Mestre em Psicologia Experimental pela Universidade de São Paulo (USP) e PhD pela Universidade da Califórnia em Los Angeles (UCLA). Professor titular do Departamento de Psicologia da PUC-Rio, onde é o atual coordenador do curso de graduação em Psicologia. Pesquisador nível 1A pelo Conselho Nacional de Desenvolvimento Científico e Tecnológico (CNPq) e Fundação de Amparo à Pesquisa do Estado do Rio de Janeiro

(Faperj). Foi um dos fundadores do Instituto Brasileiro de Neuropsicologia e Comportamento (IBNeC) e do periódico *Psychology & Neuroscience*. Foi presidente da Associação Nacional de Pesquisa e Pós-Graduação em Psicologia (Anpepp) e fez parte da diretoria da Sociedade Brasileira de Psicologia (SBP).
ORCID: https://orcid.org/0000-0002-8395-8008

Louise do Nascimento Marques

Psicóloga pela Universidade Federal do Rio de Janeiro (UFRJ). Atua como trainee na área de Neuropsicologia Clínica, especificamente em avaliação neuropsicológica e na área de Pesquisa Quantitativa, principalmente com análise de dados. Participou de projetos de pesquisa e da escrita de artigos com enfoque nas temáticas de competências socioemocionais em crianças e medidas psicológicas, e sobre efeitos psicológicos e cognitivos da covid-19. Autora de artigo de revisão de modelos mnêmicos e evidências do efeito dos afetos e contexto na memória. Principais áreas de interesse: Neuropsicologia; Avaliação Neuropsicológica; Processos Cognitivos e Comportamentais; Habilidades Emocionais; Funções Executivas; Psicometria; Terapia Cognitivo-comportamental.
ORCID: https://orcid.org/0000-0003-3844-6932

Lucas Barrozo de Andrade

Psicólogo pela Universidade Federal do Rio de Janeiro (UFRJ). Faz especialização em Neuropsicologia Clínica pelo Instituto Brasileiro de Neuropsicologia e Ciências Cognitivas (IBNeuro). Trainee na empresa ANOVA – Métodos Quantitativos. Trabalha com avaliação neuropsicológica, análise de dados e pesquisa quantitativa. Atua na criação e desenvolvimento de instrumentos de avaliação psicológica e neuropsicológica. Trabalha com pesquisa na UFRJ, PUC-Rio e tem parceria com a Universidade de Luxemburgo. Autor de três artigos científicos em revistas Qualis A, capítulos de livros e palestrante em congressos e simpósios nacionais e internacionais. Psicólogo e Consultor em testes psicológicos na empresa Valor do Conhecimento. Atua principalmente nos seguintes temas: Avaliação Psicológica, Pesquisa Quantitativa, Metodologia Científica e Análise de Dados.
ORCID: https://orcid.org/0000-0002-3479-5177

Luciano Magalhães Vitorino

Enfermeiro, especialista em Urgência e Emergência. Mestre e Doutor em Ciências pela Escola Paulista de Enfermagem (Unifesp). Estágio de doutorado sanduíche na Faculty of Nursing / University of Alberta, Canadá. Estágio de pós-doutorado em andamento pela Faculdade de Medicina da Universidade Federal de Juiz de Fora (UFJF). Professor na Faculdade de Medicina de Itajubá (FMIT). Tem experiência na área de Pesquisa em Geriatria/Gerontologia, Qualidade de Vida, Saúde Mental e Saúde e Espiritualidade.
ORCID: https://orcid.org/0000-0003-1023-8488

Luis Anunciação

Doutor em Psicometria, Mestre em Saúde Pública e especialista em Bioestatística e Neuropsicologia. É atual coordenador do Laboratório de Métodos e Medidas da ANOVA, Professor do Departamento de Psicologia da PUC-Rio e integra a gestão do Instituto Brasileiro de Neuropsicologia e Comportamento (IBNeC). Tem se dedicado ao estudo de modelos estatísticos e psicométricos, tanto por condições teóricas como aplicadas. Apresenta mais de 40 artigos internacionais sobre psicometria e estatística e dois livros sobre métodos em neurociências.
ORCID: https://orcid.org/0000-0001-5303-5782

Patrícia Waltz Schelini

Doutora em Psicologia. Pós-Doutora pela Universidade do Minho (Portugal). Professora dos cursos de graduação e pós-graduação em Psicologia na Universidade Federal de São Carlos (UFSCar). Desenvolve estudos sobre a inteligência/cognição, metacognição e pensamento imaginativo. Bolsista produtividade do CNPq.
ORCID: https://orcid.org/0000-0002-7326-7086

Sofia Fontoura Dias

Licenciada em Psicologia e Mestre em Psicologia (Psicologia da Saúde e Reabilitação Neuropsicológica) pela Universidade de Aveiro (Portugal). Bolsista de Iniciação à Investigação no Centro de Investigação em Tecnologias e Serviços de Saúde (CINTESIS) na Universidade de Aveiro de 2020 a 2021. Principais áreas de interesse

e investigação: Medicina do Sono, Avaliação Psicológica, Psicometria, Neuropsicologia e Psicogerontologia.
ORCID: https://orcid.org/0000-0002-2938-7486

Víthor Rosa Franco

Psicólogo e Mestre e Doutor em Psicologia Social, do Trabalho e das Organizações pela Universidade de Brasília (UnB). Professor Auxiliar no Programa de Pós-graduação em Psicologia na UnB. Tem se dedicado a estudos de técnicas de processamento estatístico, matemático e computacional em Psicologia, tendo desenvolvido métodos, modelos e de pacotes estatísticos para o software R. Mais especificamente, seus interesses de pesquisa incluem teoria da medição e modelagem quantitativa com métodos bayesianos e de *machine learning.* Também tem desenvolvido métodos de análise de redes, modelagem conjunta hierárquica bayesiana, bem como modelos psicométricos para aplicação em processamento de linguagem natural no contexto de saúde mental.
ORCID: https://orcid.org/0000-0002-8929-3238

Construindo ideias
e conectando mentes

Este livro foi composto com tipografia Bembo Std e impresso
em papel Pólen Soft 80g. na Promove Artes Gráficas em janeiro de 2023.